财政税收
与公共管理研究

姜君堂　刘亚波　张玉佳◎编著

山西出版传媒集团

三晋出版社

图书在版编目（CIP）数据

财政税收与公共管理研究 / 姜君堂，刘亚波，张玉
佳编著. -- 太原：三晋出版社，2022.8
ISBN 978-7-5457-2523-0

Ⅰ.①财… Ⅱ.①姜… ②刘… ③张… Ⅲ.①财政管
理—研究—中国 ②税收管理—研究—中国 ③公共管理—研
究—中国 Ⅳ.① F812.2 ②F812.423 ③D62

中国版本图书馆CIP数据核字（2022）第135789号

财政税收与公共管理研究

著　　者：	姜君堂　刘亚波　张玉佳
责任编辑：	张　路
出 版 者：	山西出版传媒集团·三晋出版社
地　　址：	太原市建设南路21号
电　　话：	0351-4956036（总编室）
	0351-4922203（印制部）
网　　址：	http://www.sjcbs.cn
经 销 者：	新华书店
承 印 者：	山西基因包装印刷科技股份有限公司
开　　本：	720mm × 1020mm　　1/16
印　　张：	9.5
字　　数：	150千字
版　　次：	2024年7月　第1版
印　　次：	2024年7月　第1次印刷
书　　号：	ISBN　978-7-5457-2523-0
定　　价：	58.00 元

如有印装质量问题，请与本社发行部联系　电话：0351-4922268

前　言

当今世界经济政治格局呈现新变化,世界多极化、经济全球化深入发展。同时,国际金融危机影响深远,世界经济增速减缓,全球需求结构出现明显变化,围绕市场、资源等竞争更加激烈。从国内看,人均国民收入稳步增加,经济结构转型加快,市场需求潜力巨大,资金供给充裕。同时,必须清醒看到,经济增长的资源环境约束强化,投资和消费关系失衡,收入分配差距较大,这些都深刻影响到每个公民。在这样的大背景下,人们对"财政"一词并不陌生,财政现象与财政问题无处不在、无时不在,我国财政及财政制度正进行着深刻改革。

近些年来,在我们身边,越来越多的公园、博物馆、图书馆、科技馆等公益场所实现了免费开放;越来越多的人进入了城乡医疗、养老等社会保险的保障范围;一些城市的公交车实现了夏季免收空调费;高速公路四通八达,乡村道路纵横交织……诸如此类,不胜枚举,这些都是财政活动的具体表现,可以说,没有财政,就没有更多更好的社会服务、公共产品。所以,财政与我们的生活密不可分。

公共管理是以政府为核心的公共部门,运用管理学、经济学、法学、社会学、政治学、系统科学等多学科理论与方法,对公共组织和公共事务进行有效治理的管理活动。它与工商管理一起,被认为是推动现代社会进步的两个"车轮"。

经过20多年稳定的持续发展,中国已从内向型为主的经济体系向全球性经济体系转变,从乡村—农业化社会向城市—工业化社会转变,从社会主义计划经济体制向社会主义市场经济体制转变。管理复杂、多变、动荡的全球性公共事务、城市事务、经济和社会事务就需要公共组织的再造、公共治理体系的转变和政府管理质量的持续提高,而良好的公共治理则是建设和谐社会的要素之一。

目 录

第一章 财政概论

在现实社会经济生活中,从居民的衣、食、住、行,到国家的政治活动和经济建设,时时处处都存在着财政现象。每个社会成员都会通过各种渠道以各种方式与财政发生联系。在不断享受财政活动所带来的好处的同时,人们也常常会对某些财政问题表示困惑。那么,什么是财政? 财政是以政府为主体的分配活动。财政的产生必须具备经济条件和政治条件,并随着不同社会经济形态而发展。

第一节 财政的产生与发展

人类的财政活动、财政思想、财政观点甚至财政理论古已有之,中外概莫能外。古代中国和西方的某些国家和地区(如希腊的雅典)都有过较为丰富的财政思想。但是,现代的财政理论、财政制度、财政体系及其运作模式,则直接源于西欧,是随着资本和市场在西欧的萌芽、产生、存在和发展而逐步形成和发展起来的。财政是一种涉及社会生活各个方面的复杂的经济活动,要正确认识并把握它的本质和规律,必须从其最基本的历史联系出发,考察其产生与发展。

一、财政的由来、含义及特征

(一)财政的由来

财政一词中的"财",通常被定义为钱和物资的总称,在现代经济社会里,可以用货币资金来总括;然而"政"则是"管理众人之事",是政府运用"财"并通过"政策"和"方法"来实现"政事"的一种管理活动。因此，"政"是有管理、有目的的经济活动。所谓有管理，即对其活动有法律规范，并符合管理的一般原则。所谓有目的，即全面安排国计民生，实现国家的对内、对外职能，特别是经济职能，以达到其政治、经济目的。从这种意义上说，"财政"就是政府管理众人之"财"，并通过对"财"的分配和运用来实现众人之事。不过，"财"是货币资金，但又不仅仅限于货币资金，人力、物力均包括其中。而政府则是国家权力机关的执行机关即国家行政机关。因此，又可以更进一步地说，财政是以国家为主体，通过货币资金调动人力、物力，以实现国家职能的各项经济活动。

"财政"一词在公元13~15世纪出自拉丁语中的"Finis"，有"结算支付期限"之意，后来又转化成"支款"和"裁判上确定的款项支付或罚金之支付"的意思，"财政"在16世纪转成法文后，才开始有了"公共收入"的意思；在17世纪，则通用以指"国家的理财"；在19世纪，则是指一切"公共团体之理财"；到了20世纪初，该词的最新用法是指"国家及其他公共团体之经济"，也就是现在的"公共财政"或"公共财政学"，即英文中的"Public Finance"。

从人类社会发展过程来看，财政是一种政府的经济活动。对财政的产生与发展可以从两个角度进行研究与分析。

首先，财政是一个经济范畴。研究财政活动就是把财政作为一种经济活动来进行研究的。马克思曾经深入地分析和研究了科学的社会再生产理论，认为社会的经济活动表现为由生产、分配、交换和消费四个环节所组成的连续不断、周而复始运动的社会再生产过程，并阐述了社会再生产四个环节之间的内在联系和社会再生产实现的条件和形式。我们知道，社会的经济活动表现为完整的社会再生产过程。财政之所以是一个经济范畴，主要是由于财政本身是一个分配范畴，而分配又是社会再生产四个环节之一，是社会再生产不可缺少的一个重要环节。从这个意义上说，作为分配活动的财政是一个经济范畴。

其次，财政是一个历史范畴。从人类社会发展历史来看，国家不是从来就有的,国家是人类社会发展到一定阶段的产物,因此,以国家为主体凭借社会政治权力参与社会产品分配的财政,也不是从来就有的,财政分配活动也是人类社会发展到一定阶段的产物。

在人类社会发展的早期,在原始社会中,由于生产力水平十分低下,社会生产活动非常简单。劳动资料直接取自大自然,如简单加工成的木棒和便于投掷的石块等;劳动对象也直接取自大自然,当时最基本的生产活动是狩猎。由于生产力水平十分低下,劳动工具非常简单,人们要想在恶劣的条件下生存与发展,必须依靠群体的力量。以血缘关系组成的氏族部落就是维系这种群体劳动的社会组织形式。同样,由于生产力水平的低下,人们能够取得的劳动成果即社会产品非常有限。为维系社会再生产的顺利进行,特别是维系劳动力再生产的延续,对有限的劳动成果必须平均分配。这种劳动资料归氏族社会共有、社会产品在氏族范围内平均分配的现象,可以称为原始共产主义。在这种社会中没有剩余产品,没有阶级,没有国家,也没有财政。

随着人类社会的发展特别是生产力的发展,社会经济活动出现了很大的变化。冶铁技术的出现使劳动工具得到了极大的改善,劳动工具的改善又使得获取的社会产品逐步增加,除了满足社会成员最低限度的需求之外,出现了剩余产品。生产工具的改善也使得原本需要很多社会成员共同参加的社会生产活动通过少数或者个别成员的劳动就可以实现。劳动工具逐步由氏族共有转化为个别社会成员所有。社会分工的出现促进了以交换为目的的经济活动的产生和发展。在所有这些因素的共同作用下,特别是剩余产品的出现,逐步产生了私有制。私有制的产生使得人类社会出现了阶级的分化,形成了占有生产资料和剩余产品的阶级和不占有生产资料和剩余产品的阶级,最早出现的是奴隶阶级和奴隶主阶级。

阶级产生之后,占统治地位的阶级为维护自身既得利益,镇压敌对阶级的反抗,需要建立一种专政的统治工具,国家也就随之出现,即当公共权力产生并开始按地域划分国民时,国家便应运而生。国家产生后,必然需要建立包括军队、警察、监狱和国家政权机构在内的一系列国家机器。国家机器的存在是国家生存所必不可少的。国家机器的出现使得一部分社会成员离开了直接的社会生产活动而在国家机器中工作。这就在社会产品分配领域中出现了一个矛盾:一方面,国家机器的正常运转需要消耗社会产品;另一方面,按照社会产品一般分配原理,国家机器又丧失了参与社会产品分配的身份和依据。为此,在社会一般产品分配的过程之外,出现了凭借国家政治权力参与社会产品分配的财政。国家通过财政占有社会产品的最古老的形式就是捐税。

(二)财政的基本概念与基本特征

1.财政的基本概念。财政是一种政府的经济活动,也是一种特殊的分配。财政分配的主体是国家,参与分配的依据是社会的政治权力,分配的对象是社会剩余产品,分配的目的是提供公共产品满足社会公共需要并使政府经济领域的经济活动与市场经济领域的经济活动相协调,保持整个社会再生产过程的协调运行。[①]基于这样的认识,可以说,财政是以国家为主体,凭借政治权力,为满足社会公共需要而参与社会产品分配所形成的政府经济活动,并通过政府经济活动使社会再生产过程相对均衡与协调,实现社会资源优化配置、收入公平分配以及国民经济稳定与发展的内在职能。在这一基本概念中,"以国家为主体"说明的是财政分配的主体,"凭借政治权力"说明的是财政分配的依据,"为满足社会公共需要"说明的是财政分配的最终目的,而"实现社会资源优化配置、收入公平分配以及国民经济稳定与发展"则说明的是财政的职能。

2.财政的基本特征。

(1)财政是国家的经济活动:财政学研究财政首先是将财政作为经济范畴加以研究的。通过财政的产生与发展可以看出,社会生产活动所创造的社会产品必然分解为两个部分:一部分社会产品以按生产要素分配的形式分配给生产要素的提供者,通过生产要素提供者的交换

---

①邓子基.国家分配论就是国家财政论[J].福建论坛:人文社会科学版,2001(5):6.

与消费活动形成社会再生产过程。这种经济活动是市场经济领域的经济活动,其主体是生产要素的拥有者与投入者,其目的是提供私人产品满足整个社会的私人个别需求;另一部分社会产品则以政治权力参与分配的形式分配给国家,通过政府的交换与消费活动参与整个社会的再生产过程。这种经济活动是政府经济领域的经济活动,其主体是国家,其目的是提供公共产品满足整个社会的公共需要。这种以国家为主体的政府经济活动就是财政。

很明显,市场经济领域的经济活动和政府经济领域的经济活动是两种完全不同的经济活动。它们的主体不同,目的不同,运行规则也不相同。从主体来看,市场经济活动的主体是生产要素的拥有者和投入者,即现实经济生活中的企业和居民,而政府经济活动的主体则是政府。因此,作为一个完整的社会再生产活动,政府、企业和居民共同构成了社会经济活动的主体。从目的来看,市场经济活动的目的是提供私人产品满足社会的私人个别需求,而政府经济活动的目的则是提供公共产品满足社会的公共需求。作为一个完整的社会再生产活动,只有私人个别需求和社会公共需求同时得到满足,社会再生产才能够顺利进行。从运行规则看,市场经济活动具有竞争性和排他性的特征,而政府经济活动则具有非竞争性和非排他性的特征,从而形成了不同的规则。

(2)阶级性与公共性:财政是政府的经济活动,这种经济活动的主体是国家,其目的是提供公共产品满足社会的公共需要。正因为如此,财政必然具有阶级性和公共性的双重特征。

从阶级性来看,财政是政府的经济活动,其主体是国家。而国家是统治阶级镇压被统治阶级的工具,政府则是执行和实现统治阶级意志的权力机构。财政作为政府的经济活动,必然要符合统治阶级的最高权益,政府必然要通过财政分配活动使统治阶级的最高利益最终得以实现,从这个意义上说,任何国家财政都具有阶级性,这是不容回避的。

从公共性来看,政府经济活动的阶级性并不能排斥政府经济活动的公共性。财政分配是公共性与阶级性的有机结合。国家政权的存在本身就是以执行某种社会职能为基础的,这种社会职能本身就具有公共性。①例如,国家的存在需要国防,需要军队保卫国家的安全,这种国家的安全和家族的安全、村落的安全完全不同。我们将为保卫家族或村落的安全所雇用的人称为保安,而将维护国家安全的人称为军队。国防保卫着每一名社会成员和整个国家的安全,本身就具有公共性。又如,国家的生存与发展需要良好的社会秩序,从而使社会成员都能够在这种良好秩序中生存。这就必然需要一种凌驾于社会各种权力之上的公共权力,通过公共权力约束其他权力拥有者的社会行为,使其在社会秩序范围内行事。这种社会秩序是政府经济活动提供的,也具有明显的公共性。

从人类社会发展的进程来看,越来越多的产品逐步由市场经济领域提供转为由政府经济领域提供,这应当是一种趋势。公共产品的提供是社会的必然,且不论这种公共产品数量的多少和范围的大小,而公共产品的提供又必然要求有财政活动,财政的公共性也就是必然的了。

(3)强制性与无偿性:强制性是财政的重要特征,这源于财政参与分配的依据是国家的政治权力。前文已指出,社会产品的提供必然通过市场经济领域和政府经济领域共同完成。市场经济领域的分配是社会产品的一般分配,分配的依据是生产要素的投入。生产要素的拥有者将自身拥有的生产要素投入到生产过程中,进而凭借这种投入参与社会产品的分配。很明显,生产要素的拥有者对其所拥有的生产要素具有所有权,而所有权是市场经济领域中的重要权能。政府经济领域的分配是一种再分配,分配的依据是政治权力而非生产要素的投入。政治权力是一种强制性的权力,它必然凌驾于所有权之上。如果没有政治权力的强制性,任何物的所有者都不会将自己拥有的社会产品交由政府支配。

①田建忠.财政的"公共性"及其他[J].辽宁工业大学学报(社会科学版),2001,3(4):23-25.

　　无偿性是财政的又一个重要特征,它与强制性是相辅相成的。国家凭借政治权力征税以后,相应的社会产品所有权即转为国家所有,国家不必为此付出任何代价,也不必直接偿还。这便是财政的无偿性,是价值的单方面的转移和索取。事实上,正是由于财政具有无偿性特征,才需要强制性,强制性是无偿性的保证,没有强制性也就没有无偿性的存在。由于社会产品的所有者将自身拥有的社会产品的一部分以税收形式交付给政府以后,其所有权即转为政府所有,政府并不直接偿还。因此,必须要有一种政治上的强制力,否则不会有任何人愿意将自己所有的社会产品转交给政府。应该说,财政无偿性的存在还源于公共产品本身提供的无偿性。由于公共产品具有不可分割的特点,人们享受公共产品的利益并不为其支付费用,因而公共产品提供的代价不可能通过有偿收费的方式弥补,这就要求提供公共产品要有稳定无偿的收入来源。社会成员缴纳税收时是无偿的,国家并没有直接偿还的义务,但纳税后当社会成员享受公共产品的利益时,也不需要为此付出代价。

　　(4)平衡性:平衡性是财政的一个十分重要的特征。财政的平衡就是要在社会经济运行中合理安排财政收入与财政支出在量上的对比关系,使财政收入与财政支出之间保持相对的均衡。为满足财政支出的需要,财政收入应在一定的经济发展水平和一定的税收制度下做到应收尽收和收入的最大化。而财政支出则应考虑现时条件下财政收入的制约,不能脱离供给而无限为社会提供公共产品。这里,我们不仅必须考虑政府经济领域的财政收入与财政支出的平衡性,还必须与市场经济领域的运行相结合来考虑市场经济领域和政府经济领域整体上的平衡性。在一定时期内受多种因素的制约,社会产品总会有一个数量的限制,即一定量的社会产品,如果政府经济领域配置过多,则市场经济领域的配置就会减少。既然政府经济领域与市场经济领域共同构成了社会完整的经济活动,就必须使两者相对均衡,并通过政府经济领域经济活动的安排使整个社会再生产保持相对的均衡。

二、自然经济与家计财政

迄今为止,人类社会存在过的经济体制大致可以分为自然经济、计划经济和市场经济三类。自然经济主要存在于奴隶制社会和封建制社会中。与这种经济体制相适应的财政实际上是一种家计财政,国的作用已经退居第二位并已融汇在皇族或王室之中,这是由封建制社会与奴隶制社会的生产关系所决定的。在"普天之下,莫非王土,率土之滨,莫非王臣"的背景下,国王或皇帝是最高的统治者,国家的财政收支与皇族或王室的私人家计收支是无法分清的,即国家财政收支事实上也就是皇族或王室的家族收支,皇族或王室花国家的钱和花自己的钱没有任何区别。在这种经济体制中,财政收支虽然也以国家的名义进行,虽然也有一些公共性,但整个国家都属于皇族或王室所有,财政收支明显具有家计财政的特征。国与家事实上统一于皇族或王室的家计之中。

在自然经济社会,社会生产最主要的资源都控制在国家手中,国家可以直接凭借所有权取得维持国家存续的财政收入,所以此时的财政是家计财政。家计财政是对自然经济条件下的奴隶制和封建君主专制国家财政模式的一种概括。国家的代表是君主,不管是政治权力,还是财产权利,君主都可视其为"私权"。在这种历史背景下,"私人"与"公共"的区分因为缺乏对应的参照而成为不必要,国家财政就是王室的家计财政。

自然经济条件下家计财政的主要职能是替君王筹集行政管理、国防安全与扩张以及皇族或王室开支的经费。当然,不排除在改朝换代之初或经济革新时期,最高统治者也会有意识地利用财政政策引导生产消费,促进经济总量的平衡和结构的优化,也不否认在一些政治比较开明的朝代薄赋轻徭,休养生息,调节收入分配的过度不公。但是,整个自然经济在社会经济生活中占统治地位的时期,这些都只能是特殊现象,这些特殊现象并不能完全否定家计财政的主要职能是"收入分配"这个一般性的结论。财政运行模式与社会的经济体制之间有着密切的联系。

三、计划经济与国家财政

在我国,计划经济体制主要存在于新中国成立初期至改革开放的初期。在计划经济体制下,国家作为国有生产资料的所有者,直接控制着社会再生产过程。无论是政府经济领域的经济活动,还是市场经济领域的经济活动,都处于国家指令性计划的控制下。国家不仅作用于政府经济领域,而且完全作用于市场经济领域;不仅提供公共产品,而且提供私人产品。两个领域被统一在国家计划当中,事实上并不存在真正意义上的市场经济领域。财政则成为国家通过指令性计划为社会配置资源的重要工具,生产任务由国家计划下达,企业按国家指令性计划生产,所需生产资料由财政通过基本建设拨款无偿提供,生产所需流动资金由财政通过流动资金拨款全额拨付,生产的产品由国家包销,盈亏则由国家统负,所有利润上缴财政,出现的亏损由财政弥补。企业只是国家的附属生产单位而不是独立的商品生产者。在长期的计划经济体制中,我们所习惯的财政,实际上是一种国家通过指令性计划控制整个社会经济活动和再生产全过程的财政。这种财政实际上是一种计划财政,其最大特点就是不仅负责为政府经济活动配置社会资源,也为市场经济活动配置资源;不仅负责公共产品的提供以满足社会公共需要,而且负责私人产品的提供以满足社会私人的个别需要。

在市场经济中,“财政”或“公共财政”可称为“政府经济”。也就是说,政府所应提供的只应是公共产品。这里所称的政府,既包括中央政府即国家(而且也只有中央政府才能代表国家),也包括地方政府。于是,就有了中央财政或国家财政以及地方财政的称谓。相应地,国家财政又可称为国家经济。如果从整体经济出发,其运行总公式就可写成:宏观经济(整体经济)=政府经济+市场经济。然而,在中国的计划经济时期,财政亦称国家财政,它不但是中央财政和地方财政的总称,而且也是计划经济体制下的财政思想“国家分配论”的体现,这里既包括“公共财政”,也包括“私人财政”,其主要手段是计划,其结果是“政企不分”,市场机制没能得以发挥作用,财政资金使用效率不高。

由此可见,市场经济体制下的"公共财政"与计划经济体制下的"国家财政",无论是在财政思想上,还是在财政预算的范围、方法和手段上,都是有着本质区别的。

四、市场经济与公共财政

(一)市场经济与公共财政的关系

应当指出,财政这个词本身就已经具有公共性的特征。财政作为一种政府的经济活动,就是为了提供公共产品以满足社会公共需要而进行的分配活动。这种公共产品的提供事实上具有非竞争性与非排他性的特点,满足的需求也是一种社会的公共需要。因此,凡是财政活动必然具有一定的公共性。从这个意义上说,财政与公共财政并没有本质的区别。这里提出的公共财政是作为一种财政运行模式提出来的。在不同的经济运行模式下会有不同的经济运行机制,也会有不同的财政运行模式。同样,不同财政运行模式下的财政运行机制会有很大的区别。从这个意义上讲,公共财政的概念以及公共财政模式下的财政运行机制与传统经济体制下的财政模式及其运行机制有着明显的区别。

公共财政可以看作与市场经济体制相适应的财政运行模式。在市场经济体制中,社会经济活动被区分为政府经济活动和市场经济活动两个性质完全不同的领域。在市场经济领域中的资源配置由市场在国家宏观调控下发挥基础性作用,在竞争性与排他性的作用下充分发挥市场资源配置高效率的特点,进而全面提高社会资源配置的效率。而财政主要在政府经济领域中发挥作用,为社会提供公共产品满足社会公共需要,同时通过财政政策的制定和运用,矫正市场失灵问题,协调社会再生产的顺利运行。因此,市场经济体制下的财政主要是为社会提供公共产品以满足社会公共需要的财政,是弥补和解决市场失灵的财政。如果说计划财政的领域不仅包括政府经济领域而且也包括市场经济领域,那么公共财政的领域则主要是政府经济领域。因此,可以说公共财政就是提供公共产品和弥补市场失灵的财政。

公共财政作为与市场经济体制相适应的财政模式,是一种以公共产品提供为手段,以满足公共需要为目标,以市场失灵为前提,以竞争性领域市场机制有效发挥作用为基础的财政模式。这是一种与计划财政有明显区别的财政模式。我国在长期的计划经济体制下实行的是计划财政模式。在由计划经济体制向市场经济体制转轨的过程中,我国的财政模式也必然由计划财政模式向公共财政模式转轨,进而构建公共财政的基本框架。我国社会主义市场经济体制尚不完善,计划经济体制向市场经济体制的转轨还没有真正完成,我国的公共财政模式也还没有完全建立起来,还受到计划财政模式的影响,因此,构建与社会主义市场经济体制相适应的公共财政的基本框架,仍是我国目前和今后一段时期的重要任务。

(二)构建公共财政的基本思路

1.理顺政府与市场的关系,解决越位与缺位并存的问题。实际上是要明确地界定公共财政的基本职责,这是构建公共财政框架的基础。在计划经济体制下不存在市场机制,政府经济领域与市场经济领域实际上是合一的,都处于国家的指令性计划控制之下。政府的活动不仅涉及政府经济领域,而且涉及市场经济领域。政府不仅负责公共产品的提供以满足整个社会的公共需求,而且负责私人产品的提供以满足整个社会的私人个别需求。与这种经济体制相适应,计划经济不仅要为整个政府经济领域配置资源,而且要为市场经济领域配置资源,这就与市场经济体制下公共财政的职责发生了很大的矛盾。

市场经济体制的建立要求政府真正实现职能的转换,同时也要求财政模式发生根本性转换。市场经济领域的资源配置不再是财政的职责而是市场的职责。中国共产党十八届三中全会把市场在资源配置中的"基础性作用"修改为"决定性作用",本质上就是对政府和市场关系的重新定位,进一步突出市场在资源配置中的作用。必须完善立法、明确事权、改革税制、稳定税负、透明预算、提高效率,建立现代财政制度,发挥中央和地方两方面的积极性。公共财政模式下的财政职责应当主要是为社会提供公共产品以满足社会的公共需要并矫正竞争性领域出现的市场失灵。这种职责具体可以表现为：①真正保证国家机器正常运转所需要的经费需求。这是完全的公共产品，必须由政府提供，包括国防行政管理、公安、司法等；②真正保证社会事业发展对经费的需要。这是典型的混合产品，除其中一部分可由市场提供外，主要应由政府提供，包括义务教育、基础科研、公共卫生和社会文化等；③真正保证提供社会再生产公共条件的经费需要。这也是典型的混合产品，但具有社会再生产公共条件的含义，除可由市场提供的部分外，主要应由政府提供，包括铁路、桥梁、供水、供电、供气等；④真正保证矫正市场失灵，实现调控社会再生产协调运行的经费需要，主要包括调节社会分配不公、建立社会保障制度以及调节由于市场自发运行所导致的宏观经济周期波动等所需的资金。除上述各项之外，纯粹的市场经济领域的资源配置应由市场发挥基础性作用。

应当指出，我国目前公共财政的框架还没有完全建立，政府与市场的关系还没有完全理顺，财政越位与缺位并存的现象仍然存在。所谓越位，就是指财政过多地介入了市场经济领域的活动，超越了公共财政的基本职责，影响、制约和干扰了市场资源配置基础性作用的发挥。所谓缺位，就是指政府没有将确属公共财政基本职责范围内的工作做好，资源配置相对不足，影响了社会公共产品的提供和公共需求的满足。简单地说，就是该干的事干得不好或者没有干，不该干的事干得太多。要解决越位与缺位的问题，从根本上说在于市场经济体制的真正建立和完善，在于政府职能的根本转变和政府观念的转变，在于真正理顺政府和市场的关系。

2.建立符合公共财政要求的财政支出体系。社会公共需要是通过财政支出来满足的。从这个意义上说，建立公共财政支出体系应当是构建公共财政框架的基础环节。公共财政支出体系的构建必须以公共财政的职责为基础，以"公平优先，兼顾效率"为原则，以满足社会公共需要为目标。在此基础上，公共财政支出体系应涵盖支出范围和支出手段两个方面。

从公共财政支出范围来看,其应当受公共财政基本职责的制约。在明确政府与市场关系的前提下,对公共财政基本职责范围内的经费需要必须给予保证。公共财政支出的重点应当主要包括国防和行政管理支出、社会公共事业支出、社会基础设施支出、社会保障支出以及宏观调控支出等。上述各项支出有些是为了满足纯粹的社会公共需要,其资源只能由政府配置;也有一些虽然是混合产品,但具有较强的外部效应,具有社会再生产公共条件的含义,如果完全交由市场提供会出现问题,应由财政给予必要的配置;还有一些支出是为维系稳定和协调社会再生产顺利运行所必不可少的财政支出。

从公共财政支出手段来看,应当根据财政支出具体内容和性质上的差别加以灵活选择。应当将财政购买性支出与转移性支出综合运用,将政府的经常性拨款与贴息、补贴、税收支出等手段综合运用,以发挥不同支出手段的不同作用。同时,在经费支出管理中充分运用政府采购和国库集中支付等手段,全面提高财政支出的效益。例如,对国防、行政管理等纯公共产品的提供可以选择财政经常性拨款的方式,对于某些混合产品如城市公共交通等可以采用财政补贴的方式予以补助,实行政府提供、市场生产。

3.构建符合公共财政要求的公共财政收入体系。财政取得收入可以有不同的形式,财政以何种手段取得收入必须与公共财政的要求相适应。在计划经济体制中,政府不仅作用于政府经济领域的经济活动,而且直接控制和介入市场经济领域的经济活动。与此相适应,财政取得收入的主要形式实际上是国有企业上缴利润。这种形式本身的依据是国有生产资料的所有权而非国家的政治权力。进入市场经济体制之后,公共财政的主要职责转变为为社会提供公共产品以满足社会公共需要。相应地,必然要求财政收入的形式由凭借生产资料所有权的利润上缴形式,转变为凭借国家政治权力的税收形式。所谓与公共财政的要求相适应,就是指财政收入形式应当符合公共财政基本职责的要求,符合公共财政支出特点的要求。

公共财政模式下财政收入的形式可以有税收、规费和债务收入等,其中,税收应当成为公共财政模式下财政收入最主要和最基本的形式。这是因为,税收凭借国家政治权力征收,具有明显的强制性与无偿性的特点,具有法律上的权威性,所以最符合财政的特性。由于征收的无偿性,税收也最适合用于社会公共产品的提供,与公共财政的基本职责相符合。政府通过收费取得收入体现了政府提供的特殊服务与受益人之间的对应性,实际上体现了一种交换的关系,即政府为受益人提供非公共性的特殊服务,受益人为接受这种服务支付费用,形成了政府与受益人之间一对一的关系,这与税收是完全不同的。因此,政府收费绝不应该也不可能成为公共财政取得收入的主要形式。债务收入依据的是信用原则,国家以债务人的身份出现,通过有偿方式取得债务收入,因而债务收入是有偿的、自愿的。从这个意义上说,债务收入与财政强制与无偿的特性有明显的区别。因此,债务收入只能作为临时性收入,用以弥补因经常性收入不足而出现的财政赤字,而不可能也不应当成为公共财政模式下财政收入的主要形式。

与公共财政基本职责相适应,应当形成以税收为主要形式,辅以政府收费和债务收入的公共财政收入体系。

4.构建完善的财政宏观调控体系。公共财政除了为社会提供公共产品满足社会公共需要之外,还具有弥补市场失灵,协调社会再生产顺利运行的职责。因此,构建公共财政框架还必须建立起完善的财政宏观调控体系。

市场经济体制下政府对经济的调控与计划经济体制下政府对经济的调控完全不同。在计划经济体制下,政府直接控制着整个社会的经济活动,不仅负责公共产品的提供,还负责私人产品的提供。政府经济活动与市场经济活动完全统一在国家的指令性计划当中,因此,根本不存在政府宏观调控的概念,或者说国民经济计划是政府控制经济运行的唯一手段。与此相适应,计划财政只是根据国家指令性计划为社会经济活动提供资金的工具。

在市场经济体制中,竞争性领域的资源配置由市场发挥基础性的作用。由于市场失灵的存在,市场在高效配置资源的同时也会出现问题,出现经济的周期性波动,这就需要政府对国民经济的运行进行干预,实施必要的宏观调控。而财政政策就是政府宏观调控国民经济运行的重要政策手段之一。政府运用财政政策对国民经济运行实行调控是公共财政区别于计划财政的重要内容之一。公共财政模式下的财政宏观调控体系主要由预算政策、税收政策、公共支出政策、政府投资政策、财政补贴政策以及公债政策等组成,从而形成了完整的财政调控的政策体系。在上述各项政策当中,预算政策是财政宏观调控政策的核心,其他政策围绕和通过预算政策发生作用。财政通过预算政策合理安排财政收支的对比关系,形成预算结余或预算赤字,从而影响社会总供给和总需求,使国民经济保持相对的均衡,使社会再生产得以顺利进行。其他政策则从不同的方面影响财政收入或财政支出,进而影响收支的对比关系,实现对国民经济的宏观调控。

第二节 公共财政的基本特征

公共财政是建立在现代市场经济条件下,从市场失灵出发,来界定公共部门即政府的经济活动范围和职能的。公共财政学的分析基点和根本思路是对政府如何矫正市场失灵的分析。

一、弥补市场失灵的财政

市场经济在其内在规律的制约下,在社会资源配置中表现出了高效率的一面。但是事实已经证明,市场经济在高效配置社会资源的同时也存在着缺陷,因此,将社会资源的配置完全交给市场是不行的。市场资源配置的缺陷主要源于条件的缺陷。市场机制与资源配置的帕累托最优之间确实存在着对应关系。但在现实中,帕累托最优的实现条件经常得不到满足,而当这些条件得不到满足时,市场高效配置社会资源就可能出现问题,就会出现市场配置资源的低效率或无效率,这样就会出现市场失灵。因此,我们可以说市场失灵是市场机制不能有效发挥配置作用时所出现的低效率或无效率。

(一)外部效应

外部效应也称为外溢性,是指社会生活中某一经济主体(个人或厂商)的经济活动给其他经济主体(个人或厂商)所带来的影响,并且这种影响并没有在市场交易过程中反映出来。外部效应有外部正效应和外部负效应之分。外部效应可以从两个方面进行考察:其一是外部效应的大小和强弱。如果某一经济主体的活动对其他经济主体带来的影响很大,则称为外部效应较大或较强;如果这种影响很小,则称为外部效应较小或较弱;如果这种影响小到了可以略而不计的程度,我们也可以说没有外部效应。事实上,绝对没有外部效应的情况是不存在的。其二是外部效应的正负。如果某一经济主体的经济活动给其他经济主体带来的影响是好的,使其他经济主体获得了收益,则称为正的外部效应或称为外部经济;反之,如果某一经济主体的经济活动给其他经济主体带来的影响是不好的,使其受到了损失,则称为负的外部效应或外部不经济。例如,一条河流经若干县市,经常发生洪涝灾害,其中某一县市斥巨资对该河流进行整治,修建了一座水库,水大时存入水库,水小时用以灌溉,可以做到旱涝保收。从经济学的角度看,出资修水库的县市承担了该项活动的全部成本,但并没有得到全部的收益,此项活动带来的收益是分散和外溢的。这条河流流经的所有县市都从中得到了好处,但它们并没有为这种收益付出代价,这是一种正的外部效应。又如,工厂利用锅炉为生产提供动力,但烧锅炉会产生空气污染,使该厂区方圆几十公里范围内的居民和其他厂商都呼吸非常恶劣的空气,从而影响到居民健康,出现利益的损失,但这种利益的损失得不到相应的补偿,这是一种负的外部效应。

(二)公共产品

西方经济学家认为,公共产品是这样一类物品,每一个人对这种产品的消费,并不影响任何其他人也消费该产品。公共产品与私人产品的最大区别在于公共产品具有明显的非排他性和非竞争性。私人产品之所以可以由市场经济领域提供,就是由于在竞争性与排他性的作用下具有所有权的确定性和经济利益的可分性,私人产品可以被分割到每一位消费者身上。而公共产品由于具有非排他性,一个人对某公共产品的消费并不减少其他人同时对该公共产品的消费,因而公共产品不仅在效用上不可分割,而且在经济利益上是不可抗拒的,消费者对公共产品只能被动地接受而不是主动地寻求。如国防,只要这项公共产品被政府提供,在其覆盖范围内,每一位社会成员不论是否愿意都必须接受国防的保护。即使有些公共产品在技术上可以做到具体的分割,即做到排他,可以阻止不付费的人进行消费,但在经济上这种分割阻止的代价极为高昂,即所谓的在经济上不可行。同时,公共产品也具有非竞争性,在一定范围内增加一名消费者其边际成本为零,也就是新增消费者并不减少原有消费者对该项公共产品的消费水平,使消费者不必通过竞争就可以获得该项公共产品的消费权利。

正是由于公共产品的非竞争性与非排他性,使得其市场定价遇到了很大的困难或者说是不可能的。市场经济本身在等价交换规律的约束下,从根本上排斥不按既定价格支付费用的消费者,而公共产品恰恰可以不支付费用而享受该产品的利益。每一个消费者都认为可以不支付费用而共同享受公共产品带来的利益,因而不会有任何市场主体具有主动提供公共产品的内在动力。同时,市场经济本身也很难排斥社会成员享用公共产品。市场做这种排斥的效率极为低下且代价极高,因为每增加一名消费者并不增加边际成本。公共产品具有的非竞争性和非排他性的特点使得市场如果为公共产品配置资源,其效率是极其低下的,这在客观上为政府介入市场经济活动提供了基础。在一般情况下,市场更适合私人产品的提供,而政府则应主要从事公共产品的提供。

作为市场失灵的两种表现,外部效应和公共产品之间具有一定的联系和共性。当某种产品存在极大的外部效应时,事实上也就转化成了共同性的消费。而公共产品正是这种共同性消费的集大成者。因此,凡公共产品都是外部效应较大的产品。当然,公共产品的提供是政府的一种有意识的主动的行为,而外部效应则是一种非主动的行为。从这一点上看,外部效应与公共产品还是有区别的。

(三)垄断

垄断即限制竞争,是指行为人排斥或者限制市场竞争的行为。垄断是市场失灵的一个十分重要的表现。竞争是市场经济的典型特征,在完全竞争的情况下,每一个市场都有为数众多的参与者即买方和卖方。而每一个买方和卖方都不可能具有控制市场和价格的能力。价格是在竞争的作用下通过市场供求关系最终形成的。众多的买方和卖方都是价格的接受者,而不可能成为价格的决定者。同时,在边际成本递增的作用下,形成了产品价格按边际成本定价的规则,在这种情况下市场具有较高的效率。

垄断的存在会破坏市场的竞争,这种垄断事实上包括自然垄断和政府垄断在内。从自然垄断来看,某些劳动生产率较高的企业中出现了产品平均成本随产量的增加而递减的现象,这表明该企业的产出达到了一个较高的水平,也表明一定范围内该产品由一个大企业集中生产经营会比由若干小企业分散生产经营更有效率,但是边际成本递减后把较小的企业从竞争中排斥出去,以致最终形成了自然垄断。在自然垄断的情况下,某种产品的生产厂商很少甚至只有一个,它不再是价格的接受者,而成为价格的制定者。在这种情况下,自然垄断企业完全可以出于利润最大化的动机,通过控制产量不断提高垄断价格,以期获取最大的垄断利润。这时,市场配置资源的效率会不断下降,并最终造成社会福利损失。这种自然垄断的局面在社会资本有机构成较高的领域中更容易出现。

从政府垄断来看,某些政府直接控制的部门如铁路、航空、城市供水供电、邮政、通信等部门,其产品和服务的价格是由政府制定的,并不具有市场定价的机制。这些部门的资本有机构成一般较高,一旦通过投资形成生产能力,在一定范围内增加单位产品和服务的提供并不需要增加过多的追加成本。再加上这些产品和服务具有很强的地域性,很难在全社会实现真正的流动,因而市场定价机制几乎难以真正地发挥作用。无论这些政府垄断部门价格定得是高是低,都难以体现市场的效率。

(四)信息不充分

信息不充分包括信息不完全和信息不对称两个方面。信息不完全是指市场交易的双方不能掌握与交易相关的全部信息。信息不对称是指市场交易的双方所掌握的与交易相关的信息是不同的。信息不对称既包括交易双方掌握信息量的不同(不对称),也包括交易双方获取信息渠道的不同(不对称)。当交易双方中的一方由于各种因素的影响掌握的信息量大大多于另一方掌握的信息量时,就会出现信息的不对称。这时的市场将不是一个完全公开与公正的市场。在这种情况下,市场主体无法通过信息的获取了解市场的基本状况和其他市场主体的状况。具体而言,厂商无法准确了解市场需要什么样的商品以及需要多少,消费者也难以对市场所提供的商品做出准确的评估,也就难以决定自身所能接受的商品及服务的价格与数量。在信息不对称的情况下,交易一方,也就是信息优势方,即信息占有量较大的一方,就有可能运用各种途径利用自身的信息优势,损害交易另一方的利益,获取自身的更大利益,从而产生"逆向选择"和"败德行为",造成整个市场对社会资源配置效率的降低。

(五)社会分配不公

前述各项市场失灵的表现基本上属于资源配置领域的市场失灵。资源配置领域的市场失灵可以看作市场失灵的主要表现,但市场失灵并不局限于资源配置领域,因为市场经济活动的领域本身就不局限于资源配置领域。收入分配不公本身则属于社会分配领域产生的市场失灵。

市场经济本身强调的是资源配置的效率,它要求通过市场机制实现社会资源配置的高效率。这种资源配置的高效率主要是通过市场机制特别是竞争机制实现的。市场的竞争主要是效率的竞争,市场机制本身并不能过多地考虑社会收入分配的公平性。应当说,通过竞争实现社会资源配置的高效率是建立在生产要素的分布和供给均等的基础之上的。但事实上,生产要素的分布与供给本身并不见得是均等的,有时甚至是很不均等的。这就使得完全市场竞争虽然能够提供竞争过程的公平,但不足以保证结果的公平。如果初始要素禀赋均等,即生产要素的分布与供给是均等的,每一位社会成员在财富的拥有及体力与智力等劳动技能方面不存在差异,那么在竞争过程公平的基础上,有可能实现结果的公平。但现实情况却是,劳动者拥有的财富以及劳动者体力与智力等劳动技能方面不可能没有差异。因此,在市场经济高效率配置社会资源的情况下,其收入分配却有可能是不公平的。

当市场经济无法解决社会收入分配不公的问题,并且社会的收入分配不公问题超出了社会所公认的公平准则的要求时,便有可能带来系列的社会问题,出现诸如贫困、财富的损失与浪费等社会问题,严重时甚至可能出现社会冲突,破坏社会稳定。社会分配不公导致的市场失灵也使得政府介入市场经济活动、调节社会收入分配、推行社会保障制度等有其必要性。

此外,诸如失业、通货膨胀、通货紧缩等也都是市场失灵的具体表现。市场失灵决定了政府干预的必要,市场失灵的范围决定了政府干预的程度。这就是说,政府介入市场经济领域也必然有一个限度,只有当市场存在失灵时,才有政府干预的必要,否则就会出现政府失灵,因为市场配置资源的低效率并不能证明政府配置资源一定会取得高效率。也可以说,市场竞争的效率决定了政府介入市场经济领域的规模和范围。市场失灵的存在导致通过市场配置社会资源的效率出现了损失,而政府介入市场经济活动必须有规模和范围的限制。市场在自身各种规律的制约下,在资源配置中仍然可以表现出高效率的一面。

二、提供公共产品和服务的财政

人们在社会中生存,不可避免地要接触很多经济现象和经济活动。这些经济现象或经济活动大体上可以归集到相对独立的两个领域当中。首先,人们在社会中生存与发展需要物质产品和各种服务的支持。生产与提供包括粮食、衣物、住宅、家电在内的各种物质产品,能够满足人们生存与发展的需要。这些物质产品和服务是通过市场经济领域生产与提供的。市场经济领域也称为竞争性领域,是人们所能接触到的广泛存在的经济活动领域。在市场经济条件下,市场经济领域的活动受价值规律、供求关系等多种经济规律的影响和制约。在这些经济规律的影响与制约下,市场经济领域可以高效率地配置社会资源,为社会成员的生存与发展提供物质产品和各种服务的支持。市场经济领域是满足人们生存与发展不可或缺的经济活动领域。但是我们必须看到,仅有市场经济领域的存在,并不能满足人们生存与发展的全部需要。无论是社会成员个体的生存与发展,还是整个社会的生存与发展,除了得到市场领域的支持之外,还必须得到另一个领域的支持,这个领域就是政府经济领域(也称为公共经济领域或非竞争性领域),政府的经济活动同样为社会提供了某些社会物质产品和服务。政府领域是满足人们生存与发展的另一个不可或缺的社会经济活动领域。政府领域提供的产品和服务,最典型的是国防、行政管理、司法、公安以及社会保障等公共产品和服务。

在我们的现实经济生活中,真正纯粹的公共产品并不多见,许多政府提供的产品事实上都属于混合产品。从辨别私人产品与公共产品的标准来看,混合产品可以分为两大类。一类混合产品是具有非竞争性但具有排他性的产品。这种产品不具有竞争性,在一定范围内每增加一个消费者,其边际成本并不增加,但是该种产品在技术上和经济上可以做到排他性,如社会公共设施、医疗卫生、教育、科研等。对这类混合产品,可以通过收费使其具有排他性,并且可以将不愿付款的人排除在收益之外。另一类混合产品是具有竞争性但不具有排他性的产品。这种混合产品在技术上无法做到排他性,或者虽然在技术上可以做到排他,但这种排他的成本过高,在经济上是不可行的。这类混合产品最典型的有公共草原、公共海域等公共资源。由于无法做到排他性,谁都可以享受该项混合产品带来的好处。因此,此类混合产品必须解决"搭便车"的问题,否则可能导致最终谁都无法享受到该项混合产品的收益。例如,一片公共草场作为混合产品无法做到排他性,谁都可以在草场上放牧,但如果大家都觉得这是无偿的收益,都到这片草场上放牧,无限度放牧的结果,则可能因羊群过多而导致草场的破坏和沙漠化,最终谁也无法享受该项混合产品的收益。

混合产品具有私人产品和公共产品的双重特征,因此,它既有可能由政府提供,也有可能由市场提供。混合产品到底应当由市场提供还是应当由政府提供,应根据不同的情况具体分析。

对于一般的混合产品诸如城市基础设施、医疗卫生、教育等,应当考虑政府提供和市场提供两种方式各自的净收益。比如,城市道路如果由政府提供,所用资金为税收,社会成员可以免费通行,这就是一种公共产品;如果由市场提供,所用资金为私人投资,社会成员必须付费才能通行,这就是一种私人产品。两种方式都可以提供道路,因此,应当对两种方式各自的成本费用与收益进行分析,最终确定净收益。如果政府提供的净收益大于私人提供的净收益,就应当由政府提供;如果市场提供的净收益大于政府提供的净收益,则应当由市场提供。当然,进行比较时还应注意混合产品外部效应的大小。如果通过市场提供混合产品,则必须注意在一般情况下市场仅仅考虑私人成本与收益,而不考虑这种产品可能为社会带来的外部效应。如果市场提供的混合产品具有正的外部效应,则可能出现供应不足的状况,如果市场提供的混合产品具有负的外部效应,则可能出现供应过多的状况,政府应当通过收费或补贴的方式加以矫正。

应当指出,混合产品虽然具有私人产品和公共产品的双重特征,但在一般情况下这种双重特征的表现也存在着差异。有些混合产品可能私人产品的特征明显一些,而有些混合产品则可能公共产品的特征明显一些;有些混合产品具有较强的外部效应,有些混合产品外部效应则较弱。在决定混合产品的提供时应当有针对性地考虑。比如,教育是一种混合产品,但教育可以分为义务教育和非义务教育,非义务教育又可以包括高等教育和职业教育,不同的教育具有明显不同的特点。义务教育的公共性表现得更强,外部效应也更大,更具有公共产品的特点;而非义务教育如高等教育和职业教育的私人产品特点更为突出,教育成本与教育收益之间的联系更为直接,外部效应相对较小。

由上述分析可知,政府经济领域和市场经济领域同时为社会提供物质产品和服务,而物质产品和服务的提供必然消耗社会资源,因而有限的社会资源必须同时分别配置在两个领域当中。两个领域利用自身不同的规则对社会资源进行利用后,分别提供不同的物质产品和服务,以满足社会成员不同的需要。正因为如此,我们必须分析和研究两个领域对资源利用的不同特点,研究两个领域提供物质产品和服务的不同的内在规律,揭示两个领域之间的相互关系,进而说明哪些物质产品和服务应当由市场经济领域提供,哪些物质产品和服务应当由政府经济领域提供。应当说,市场与政府的关系以及市场经济领域和政府经济领域各自提供物质产品和服务的不同内在规律和不同特点,是研究财政学的主要理论基础。财政学的研究对象其实就是政府经济活动的内在规律以及政府经济活动与市场经济活动的关系。

近几年来,国家财政越来越强调"公共财政"的特征。这里的公共财政是作为一种财政运行模式提出来的,可以看作是与市场经济体制相适应的财政运行模式。构建公共财政,需要理顺政府与市场的关系,解决越位与缺位并存的问题;同时,建立符合公共财政要求的财政支出体系,以公共财政的职责为基础,以"公平优先,兼顾效率"为原则,以满足社会公共需要为目标。

在发展公共财政的同时,国家还强调"民生财政"在保障人民权益、改善人民生活方面的运用和转变。民生财政,就是以提供人民生活所必需的公共产品和公共服务为己任的财政。民生财政表现为在整个财政支出中，用于教育、医疗卫生、社保和就业、环保公共安全等民生方面的支出占到相当高的比例，甚至处于主导地位。随着经济和社会的发展，民生问题的重点也在动态地发展。改革开放初期民生问题主要是解决城乡居民的温饱，而现在民生问题已经涵盖了收入分配、社会保障、就业、教育、医疗、住房等更高要求的内容，体现在财政加大对社会保障建设的补助、加大个人所得税的征缴力度以调节收入分配、加大对基础教育的投入以保障贫困人群的受教育权等方面。

三、非营利性的财政

如前所述，在社会经济活动中，除了具有排他性与竞争性的私人产品之外，还有许多产品和服务不具有竞争性与排他性，这种产品称为公共产品。政府在提供公共产品上具有非营利性的特征，而这一特征也主要源于公共产品的非排他性和非竞争性特征。非排他性是指消费者在消费该种产品或服务时，并不能排斥其他消费者同时消费该种产品或服务。如国防，政府提供国防旨在保卫全体人民的安全，国防这种产品的提供也需要消耗社会资源，但该产品提供出来之后保卫的是全体人民的安全，一个人享受到国防的保护并不排斥其他社会成员同时享受到国防的保护，这种公共产品不具有私人产品的排他性而具有公益性。由于没有排他性，因此在一定范围内，每增加一名消费者并不增加该产品的提供成本，即其边际成本可以为零。如前所述，这种公益性的公共产品也不具有竞争性。在我们的经济生活中具有非竞争与非排他性的公共产品与服务很多，除国防外，还包括行政管理、社会治安、城市公共设施、道路照明等。

财政所提供的上述公共产品，其目的并不是营利，而是出于经济稳定、社会安定等方面的考虑，并着眼于社会经济的长远发展。显而易见，公共财政具有非营利性的特征。

四、法治化的财政

市场经济是一个法治经济,对于政府来说,其活动和行为也应当置于法律的根本约束规范之下。财政作为政府职能,在市场经济条件下无疑必须受到法律的约束和规范,从而具有明显的法治性特征。

财政的法治化意味着社会公众通过国家权力机构和相应的法律程序,决定、约束、规范和监督政府的财政行为,从而使得财政体现出是社会公众的财政,是建立在法律规范化基础上的财政。例如,税是依据税法征收的,没有国家权力机关的批准和授权,相关税法和税收条例是无法确立的;又如,政府预算也要通过国家权力机关审议和批准,否则哪怕一分一毫的资金,政府也是无权随意使用的。

公共财政作为一个满足公共需要,从而更好地服务于市场经济的财政类型,必然要求民主基础和法治保障。只有通过民主代议制的形式,才能保证公共需要得以真正地体现和满足;只有通过法治的形式,将财政立法权保留在人民所选代表组成的立法机构中,才能保证政府财政的活动范围不超过"市场失灵"和"市场需要"的限度,也才能监督政府依法行政,体现财政的"公共性"。由此可见,只有法治化的财政才能发挥财政的真正作用,也只有以法治作为保障才能发挥财政的作用。

第三节 财政的职能

研究财政的职能的任务,是从理论上概括财政在国民经济中的地位和作用,因而财政职能的概括与分类对构建财政学的理论体系,对确定财政学研究的内容、方向和目标,有着至关重要的意义。

一、财政职能的内涵

职能应该是指某一范畴内在固有的功能,这种功能是该范畴内在的和固有的。也就是说,如果抽调了这种功能,该范畴就会转化为另一个范畴,只要是该范畴就必然存在这种内在固有的功能。职能与作用是两个不同的概念。作用可以看作该范畴的职能发挥出来后在客观上取得的效果,这种效果可以表现为很多具体的方面,而范畴的职能则相对抽象,并有其客观性。财政的职能应当看作财政这一范畴内在固有的功能,只要是财政,这种功能就会存在,如果抽掉了这种功能,财政也就不成其为财政了。财政的职能也不同于财政的作用,财政的作用可以是财政职能发挥出来后在现实经济生活中取得的效果。这种效果可以罗列出十几条甚至几十条,但财政的职能是抽象的。

财政的职能表现为财政范畴内在固有的功能,但这种内在固有的功能在不同的财政模式中会有不同的表现。也就是说,计划财政有计划财政的职能,公共财政有公共财政的职能。我们研究的是市场经济体制下公共财政的职能,这种研究必须以政府与市场的关系为基础。公共财政的职能与计划财政的职能是不同的,这是因为计划经济与市场经济的运行模式不同,经济运行机制不同,财政活动的领域也不相同。不区分计划财政与公共财政的差异,将计划经济下财政的职能简单套用在市场经济的公共财政中,是不可取的。因此,研究公共财政的职能必须以市场经济体制中政府与市场的关系为基础,说明在市场经济体制所决定的政府与市场的关系下财政内在固有的功能。

财政是国家治理的基础和重要支柱,科学的财税体制是优化资源配置、维护市场统一,促进社会公平、实现国家长治久安的制度保障。这有助于我们深化对财政职能的理解。

应当指出,财政的职能是相对抽象的,这种内在固有的功能本身并不存在好与坏和正与负的问题,而这种内在固有的功能在现实经济生活中发挥出来后取得的具体效果即财政的作用,却有好与坏之分。这就是说,财政的职能发挥出来后取得的效果可能是好的,也可能出现问题。如果把财政内在固有的功能看作内因,那么这种内因的发挥需要必要的外部条件。财政作为政府的经济活动,其分配必然受到政府主观决策的影响和制约。如果政府的主观决策符合客观要求,决策过程民主科学,则职能发挥的效果可以是正的;反之,如果政府的主观决策不符合客观要求,决策过程不够民主科学,则职能发挥取得的效果有可能是负的。但无论是取得正的效果还是取得负的效果,都不会影响对财政职能的分析。

在社会主义市场经济条件下,财政的职能主要有资源配置、收入分配、经济稳定与发展三个方面。

二、资源配置职能

(一)资源配置的含义和必然性

所谓资源配置,是指有限的社会资源在不同经济领域、不同地区、不同产业、不同部门以及不同行业间的分配。资源是短缺和有限的,因此,只有通过改变有限资源在不同经济领域、不同地区、不同产业、不同部门以及不同行业的分配比例,才能达到社会资源的最佳配置,取得最大的资源配置效率。

资源配置问题是一个十分复杂的问题,无论是计划经济体制还是市场经济体制,都存在资源配置问题,只不过在两种不同的经济体制中资源配置的方式有所不同。

在市场经济体制中,由于政府经济活动和市场经济活动都要消耗社会资源,社会资源必须被同时配置在政府经济领域和市场经济领域两个领域当中,因此,不仅市场具有资源配置的职能,财政也同样具有资源配置的职能。从整体上看,财政的资源配置与市场的资源配置是相辅相成的,但两者资源配置的机制完全不同。市场必须为社会提供私人产品以满足整个社会的私人个别需求。在私人产品提供和私人个别需求满足的过程中,必然要消耗社会资源,因此,一部分社会资源必须通过市场机制在竞争性领域中配置,而市场在资源配置中通过竞争性与排他性的机制可以得到较高的效率。这也是经济学家提出的帕累托效率或称帕累托最优理论的应有之义。但是,帕累托最优在竞争性领域中的实现需要一定的条件:一是要求采用当时最优的生产技术;二是要求不同产品的消费上的边际替代率必须相等;三是要求消费上的边际替代率与生产上的边际转化率必须相等。从理论上说,在完全竞争的市场经济中,通过竞争机制的作用和利润最大化目标的追求,市场经济有可能实现帕累托最优。但在现实中,不仅完全竞争的市场经济并不存在,而且还存在着垄断以及信息不充分外部效应等导致出现市场失灵的因素,因此,完全靠市场达到帕累托最优是不可能的,也就是说社会资源完全靠市场配置是不可能的。

在市场经济条件下,一部分社会资源必须由财政配置,财政必然具有内在的资源配置职能。首先,公共产品的提供要求一部分社会资源必须由财政配置,政府经济活动就是要为社会提供公共产品以满足社会的公共需要。由于公共产品具有非竞争性和非排他性的特点,具有较为明显的外部效应,在公共产品提供的过程中,不存在自身等价交换的补偿机制,因此,公共产品在一般情况下不可能依靠市场提供,市场机制在公共产品资源配置中不起作用。在这种情况下,公共产品的提供只能依靠财政。政府通过财政分配活动为公共产品配置相应的社会资源。财政为公共产品配置资源是必然的,如果财政给公共产品配置的资源不足,而市场又不能配置,则会导致整个社会公共产品的短缺,出现财政缺位的现象。其次,弥补市场失灵也需要一部分社会资源由财政配置。市场在竞争性领域中的资源配置是高效率的,但市场在资源配置中存在着市场失灵,可能会出现社会资源的损失和浪费、社会再生产过程的垄断、通货紧缩和通货膨胀、市场价格信息的扭曲以及社会收入分配的不公等现象。因此,需要政府对市场经济领域进行干预,矫正市场的失灵。例如,通过财政补贴矫正正的外部效应,通过收费矫正负的外部效应,通过财政政策的制定和实施调节社会总供给与社会总需求的平衡等,这将导致财政对一部分社会资源的配置。

应当指出的是,财政的资源配置职能并不能替代市场对资源的配置。在一般情况下财政应当尽量减少直接对市场经济领域的资源配置,从而在竞争性领域中让市场在国家宏观调控下在资源配置中起基础性作用。财政在竞争性领域中资源配置的力量越强,则市场机制就越弱,这将极大地破坏市场对资源的配置,降低社会资源的配置效率。财政资源配置的领域主要是政府经济领域,在竞争性领域中财政只能矫正市场的失灵而不应成为资源配置的主体,不能让财政超越市场成为资源配置的最重要的方式。税收理论中的税收中性原则说明的就是这个道理。这也是公共财政与计划财政的最大区别。

(二)财政资源配置职能的实现机制和手段

1.预算手段。运用预算手段是指通过国家预算合理安排财政收入和财政支出的规模,确定财政收入和财政支出占国民生产总值(GDP)的比重,合理确定财政赤字或结余,进而影响社会总供给和总需求的相对均衡,保证社会再生产的顺利进行。国家预算是财政进行资源配置最基本的手段。

2.收入手段。运用收入手段是指合理安排财政收入的数量和收入的形式,确定财政占有社会产品的规模;完善税收制度和税收的征收管理,协调流转税和所得税之间的关系,发挥它们不同的作用;规范政府的收费行为,合理确定税收与收费之间的比例关系;协调公债的发行规模,选择合理的公债发行方式与偿还方式,完善公债市场,发挥公债的作用。组织财政收入的过程也就是政府占有社会产品的过程,运用财政收入手段能够为财政配置社会资源提供基础和保证。

3.支出手段。合理安排财政支出是财政配置社会资源的主要手段。运用支出手段是指:合理安排财政支出规模,进一步优化财政支出结构,通过财政支出结构的优化和调整实现财政资源配置结构的优化;应将财政支出的重点逐步转移到提供公共产品以满足社会公共需要上来;合理确定购买性支出与转移性支出的比重,合理确定投资性支出与消费性支出的比重;综合运用政府投资、公共支出、财政补贴、政府贴息、税收支出等多种支出形式,全面实现财政资源配置的优化。

4.提高财政资源配置的效率。财政的资源配置无疑应当坚持"公平优先,兼顾效率"的原则,必须强调财政资源配置在维系社会公平中的不可替代的作用,但公平优先不意味着放弃效率。在公平优先的原则下,必须兼顾财政资源配置的效率,既要注意财政资源配置的社会效率,也要注重财政资源配置自身的效率,应当针对不同性质的财政支出,运用不同的方法对支出效率进行分析和评价。

5.合理安排政府投资的规模和结构,保证国家的重点建设。政府投资的规模和结构主要是指预算内投资的规模和结构,应保证重点建设,这在产业结构调整中起着重要作用,这种作用对发展中国家有着至关重要的意义。过去一段时间内,我国预算内投资占全社会投资比重过低,公共设施和基础设施发展滞后对经济增长形成了"瓶颈"制约,自实施积极财政政策以后大有改观,今后仍然必须从财力上保证具有战略性的国家重大建设工程,但切忌越俎代庖,排挤市场作用。

6.政府投资、税收政策和财政补贴。通过政府投资、税收政策和财政补贴等手段,带动和促进民间投资、吸引外资和对外贸易,提高经济增长率。

三、收入分配职能

(一)收入分配职能的含义和必然性

财政收入分配职能,是指通过财政分配活动实现收入在全社会范围内的公平分配,将收入差距保持在社会可以接受的范围内。收入分配职能是财政的最基本和最重要的职能。在社会再生产过程中,既存在着凭借生产要素投入参与社会产品分配所形成的社会初次分配过程,也存在着凭借政治权力参与社会产品分配所形成的社会再分配过程。初次分配是市场经济领域的分配活动,财政再分配则是政府经济领域的分配活动。两个领域收入分配的原则与机制是完全不同的,在收入分配中如何处理公平与效率的关系也不相同。

市场经济领域中的初次分配,贯彻的是"效率优先,兼顾公平"的原则。在一般情况下,我们对公平的理解主要是社会产品分配结果的公平。但结果的公平本身,受制于起点的公平和规则及过程的公平。没有起点的公平和规则及过程的公平,不可能真正实现结果的公平。市场经济之所以坚持效率优先,原因在于:首先,市场经济中的初次分配依据的是生产要素的投入,生产要素的拥有者将自身拥有的生产要素投入到生产过程之中,并凭借这种生产要素的投入参与生产结果的分配。而社会成员对生产要素拥有的数量与质量都不相同,这种起点的不同必将影响到结果分配的不同,这实际上就是起点的不公平。在这种情况下,市场经济领域的初次分配不可能强调结果分配的公平,市场经济有可能做到规则和过程的公平,但无法做到结果的公平。如果市场经济刻意追求结果的公平,就不存在按生产要素投入的分配;其次,市场经济具有竞争性。在竞争性的作用下,资源利用效率比较低的企业有可能通过破产机制被淘汰,其利用的资源也会向资源利用效率较高的企业集中。这种竞争对市场主体来说是生与死的竞争。在生与死的竞争压力下,市场经济主体必须提高资源利用效率,将效率放在首位,没有一定的效率就没有生存的机会。

正因为如此,市场经济领域中的初次分配必然存在收入分配的差异,出现收入分配差距的拉大,这是市场经济本身无法避免的。从某种意义上说,这种收入分配差距的拉大具有进步意义,它可以刺激社会资源配置效率的提高,促进市场经济竞争力的增强。但是,从全社会范围看,收入分配差距如果过大,结果的不公平如果过于严重,会直接影响到社会的稳定。社会收入分配不公是导致社会不稳定的重要因素。财政再分配必须坚持"公平优先,兼顾效率"的原则,将社会公平放在第一位,调整市场经济初次分配过程中出现的过大的收入分配差距,进而实现社会的稳定。这种以公平优先为原则的收入分配是市场经济本身无法实现的。这是因为:①财政参与社会产品分配的依据并不是生产要素的投入而是国家的政治权力,政治权力对每一个社会成员来说都是共同的,这就使得财政分配的起点比较公平;②国家政治权力是强制的,强制取得的收入就应当无偿用于全体社会成员;③财政提供的是公共产品,满足的是社会公共需要,而公共需要是全体社会成员无差别的需要,表现出明显的公共性;④财政分配的主体是国家,国家和政府的出发点与市场的出发点有明显的区别,市场应更多地考虑竞争和生存,而国家和政府则应更多地考虑社会的稳定。从这个意义上说,财政收入分配职能是不可替代的重要职能,在维系社会稳定和保证社会成员共同富裕方面发挥着重要的作用。

(二)财政收入分配职能的实现机制和手段

1.区分市场分配和财政分配的界限。在一般情况下,属于市场经济领域的分配,应交由市场初次分配去完成,应当承认市场初次分配中收入分配差距拉大的合理性,以促进市场资源配置效率的提高,进而提升整个社会经济活动的效率。属于政府经济领域的收入分配,则应由财政完成,通过公共产品的提供来全面提升全体社会成员的福利,实现收入分配公平。

2.制定法律保证规则和过程的公平。在市场经济体制中政府应当起到裁判员的作用。市场经济是竞争的,但竞争应当是有秩序的,这种市场竞争的秩序主要应通过政府制定竞争规则来实现。市场经济本身无法做到起点的公平,但政府必须通过规则的制定,保证市场经济规则和过程的公平。竞争规则制定之后,对每一位市场竞争主体都是一视同仁的,都是公平的,从而根本上杜绝了依靠弄虚作假、行贿受贿、价格双轨制等不正常手段获取暴利。

3.加强税收调节。税收调节是从收入角度调节社会收入分配的重要手段。市场经济在竞争的作用下必然出现收入分配差距的拉大,政府应当承认这种差距的合理性,但政府不能任由这种收入分配差距拉大。政府可以通过税收对各方的收入进行调节。财政既可以通过间接税调节各类商品的价格,从而调节各种生产要素的收入,也可以通过累进个人所得税,调节社会成员的收入水平,对较高收入群体课以较高的税,体现出区别对待的政策。

4.规范工资制度。这里是指由国家预算拨款的政府机关公务员的工资制度和视同政府机关的事业单位职工的工资制度。凡应纳入工资范围的收入都应纳入工资总额,取消各种明补和暗补,提高工资的透明度;实现个人收入分配的货币化和商品化;适当提高工资水平,建立以工资收入为主、工资外收入为辅的收入分配制度。

5.完善转移支付体系。通过转移支付制度调节社会收入分配是财政的支出政策。一般理论认为,支出政策在调节收入分配中比收入政策更为有效,副作用更小。财政可以通过社会保障制度建设、发放失业救济金、制定城市最低生活费制度、进行住房补贴等方式,加大对低收入群体的支持,使其能够维持一般的生活水平,从而维系整个社会的稳定,提升全体社会成员的福利。

应当指出,财政收入分配职能旨在实现收入在社会范围内的公平分配,将收入分配差距控制在社会可以接受的范围内,而绝不意味着社会财富的平均分配,不能把公平理解为绝对的平均。对现实经济生活中出现的收入分配差距拉大的情况,应当做具体的分析。事实上,改革中出现的矛盾不单纯是结果分配的不公即社会财富占有的不公,更多的是起点的不公和规则及过程的不公。事实上,人们对通过公平竞争、诚实劳动取得较多收入一般是认可的,而对因采用虚假手段、贪污腐败、以权谋私所取得的较高收入是难以接受的。因此,政府不仅应当关注结果的公平,更应关注起点的公平和规则及过程的公平。

四、稳定与发展职能

(一)稳定与发展职能的含义及必要性

稳定与发展职能,也可以称为财政的宏观调控职能,是指利用财政政策通过财政活动矫正市场失灵,引导社会力量共同参与社会治理,进而保证社会总供给与总需求的相对均衡,促进社会再生产协调运行,推进经济、政治、文化、社会、生态"五位一体"建设,促进社会各地区协同发展。社会再生产的协调运行,实际上也就意味着整个国民经济的稳定与发展。财政的稳定与发展职能与财政的资源配置职能和收入分配职能不同,财政的资源配置职能和收入分配职能是两个基本的职能,而稳定与发展职能则是建立在这两个职能充分发挥作用的基础上的派生职能。这就是说,稳定与发展职能是在资源配置与收入分配职能发挥的过程中实现的,没有资源配置和收入分配职能的发挥,就没有稳定与发展职能的实现。如果说资源配置职能与收入分配职能是在微观领域发生作用的话,稳定与发展职能则更多的是在宏观领域中发挥作用。

市场经济本身在社会资源配置中具有较高的效率,在完全竞争的市场经济中,也存在自身平衡的机制。亚当·斯密曾经认为,政府不应干预经济,"看不见的手"可以平衡经济的运行,可以将人人为己的私利转化为社会的公利;政府只能是"守夜人",只应承担防止外来侵略,保护社会成员不受侵犯以及公共事业发展的职责。让巴·萨伊更认为,供给可以自动创造自身的需求,而不论供给达到什么水平。然而,完全自由竞争的市场经济是不存在的,市场在资源配置中存在着市场失灵,1929—1933年的资本主义大危机就是最好的证明。1929—1933年的资本主义大危机诞生了凯恩斯主义,其主张放弃自由资本主义原则,实行政府对经济的干预,强调政府应当运用财政政策实现对国民经济运行的全面调节。自凯恩斯主义开始,出现了政府对经济的宏观调控,而宏观调控的目标就在于协调社会再生产的顺利运行,实现国民经济的稳定与发展。自凯恩斯主义之后西方国家先后出现了包括货币学派、供应学派、公共选择学派等在内的新的经济思想,不断发展与完善了宏观调控的理论。

经济稳定通常包括充分就业、物价稳定、国际收支平衡三个方面,这三个方面都会影响社会总供给和社会总需求的平衡。在一般情况下,如果做到充分就业、物价稳定和国际收支平衡,社会总供给和总需求之间就是相对均衡的,社会再生产就可以顺利进行,整个国民经济也就相对稳定。充分就业并非指就业人口的全部就业,而是指可就业人口就业率达到社会经济状态可以承受的最大比率。如果没有达到这一状态,社会上就存在非自愿失业,则应扩大需求,使总产出增加到与充分就业状态下生产出来的产值相适应的程度。物价稳定并非意味着物价绝对不动,而是指物价上涨幅度维持在不影响社会经济正常运行的范围内。如果存在通货膨胀,则应减少社会需求,使总产出减少到与按目前价格水平计算的产值相适应的程度。如果充分就业与物价稳定都能实现,就应当保持这种总产出的水平。另外,还应当看到总供给与总需求的平衡,不仅会受国内因素的影响,在开放的社会中还受国际收支的影响。因此,在开放社会中,一国的经济往来应维持经常性项目收支的大体平衡。

与经济稳定相联系的另一个概念是发展。社会再生产不仅要稳定,还要不断地发展。发展的概念包括经济增长在内,但其内涵比经济增长更丰富。经济发展不仅涉及社会产品和劳务数量的增加,还意味着与经济增长相适应的各种社会条件包括社会政治条件、经济条件和文化条件的变化。在现实生活中,经济发展不仅涉及 GDP 的增长,还涉及诸如受教育程度、医疗保障程度,消除贫困、解决失业问题和社会收入分配不公问题等。

(二)稳定与发展职能的实现机制与手段

1.确定宏观调控的整体目标。经济稳定与发展的整体目标,应当是社会总供给和社会总需求之间的相对均衡。在社会总供给和社会总需求相对均衡的状态下,物价水平一般比较稳定,失业率被控制在可以接受的范围内,是一种国民经济正常运行的良好状态。如果总供给与总需求相对均衡的状态被打破,则需要财政政策加以必要的宏观调控。如果总供给大于总需求,说明社会有效需求不足,充分就业无法实现,国民经济出现紧缩的局面,此时应当通过财政政策刺激总需求的增加,从而使总供给与总需求在新的高度上达到新的相对均衡。如果总供给小于总需求,说明社会有效需求过旺,物价稳定无法实现,国民经济出现通货膨胀的局面,此时应当通过财政政策降低社会总需求,使社会总供给与总需求达到新的均衡。

2.确定实现宏观调控目标的财政工具。财政政策可以分为扩张性、紧缩性和中性三种类型。扩张、紧缩和中性都是相对于需求而言的。扩大社会总需求的政策称为扩张性财政政策,一般在通货紧缩时使用;减少社会总需求的政策称为紧缩性财政政策,一般在通货膨胀时使用;

既不扩张也不紧缩的政策称为中性财政政策,一般在稳定时采用。财政政策工具可以包括预算工具、税收工具、政府投资工具、公共支出工具及公债工具等,这些工具有其发生作用的不同机制,应当有选择地配合使用。

3.通过投资、补贴和税收等多方面安排。加快农业、能源、交通运输、邮电通信等公共设施的发展,消除经济增长中的"瓶颈",并支持第三产业的兴起,加快产业结构的转换,保证国民经济稳定与高速的最优结合。

4.财政应切实保证非生产性社会公共需要。比如,为社会经济发展提供和平和安定的环境,治理污染,保护生态环境,提高公共卫生水平,加快文教的发展,完善社会福利和社会保障制度,使增长与发展相互促进,相互协调。

第二章 财政支出

财政支出是财政分配的第二阶段,是政府把集中起来的财政资金进行再分配的过程。财政支出是政府进行宏观调控的重要手段之一,可以影响社会总供求的平衡关系和经济的发展状况。[①]财政支出是政府施政行为选择的反映,是各级政府对社会提供公共产品的财力保证,体现着政府政策的意图,代表着政府活动的方向和范围。掌握财政支出的分类、结构、原则、规模和效益分析方法,尤其是财政购买性支出和转移性支出的基本内涵及相关问题,是学习本章的主要目的。

第一节 财政支出概述

财政支出与财政收入是财政分配的两个方面:一方面是安排支出;另一方面是筹集收入。财政支出通常也被称为政府支出或公共支出,是政府把筹集到的财政资金用于社会生产与生活各个方面的分配活动。从财政支出的经济性质上看,它是由各级政府集中支配的那部分国民收入和一部分往年积累的社会财富价值,按照不同用途进行的再分配。财政及时拨付经费和进行投资,是国家履行职能的重要保证。

一、财政支出的分类与结构

财政支出是国家各级政府的一种经济行为,是国家对集中起来的财力进行再分配的活动,它要解决的是由国家支配的那部分社会财富

---

① 姚明霞.中国政府财政支出对经济社会发展的影响[J].经济理论与经济管理,2008(12):4.

的价值如何安排使用的问题。财政支出的不同分类,形成了不同的支出结构,而不同的支出结构,对财政运行进而对经济的运行产生的影响是不同的。

(一)财政支出的分类

财政支出范围广、项目多,涉及多方面的分配关系。为了更有效地使用这部分资金和经费,提高财政支出的经济效益和社会效益,需要对财政支出进行科学分类。

1.按支出的具体用途分类。按支出的具体用途分类是我国财政支出分类的传统方法。这种分类能够较为具体地揭示出财政资金的用途,照此分类形成的项目在我国财政统计表上称为"财政主要支出项目"。

我国的财政支出按支出的具体用途分类,主要包括挖潜改造资金、基本建设支出、流动资金、科技三项费用、地质勘探费、工交商业部门事业费、支援农村生产支出、各项农业事业费、文教科学卫生事业费、抚恤和社会救济费、国防费、行政管理费、价格补贴支出等。按照马克思的社会再生产理论,社会总产品经过初次分配和再分配后,从静态的价值构成的角度划分,可分为补偿性支出、消费性支出和积累性支出;从动态的再生产的角度划分,可分为投资性支出和消费性支出。在任何经济社会里,财政活动都是对社会总产品的分配,财政支出的形成是与社会总产品的分配有密切关系的。因此,财政支出按具体用途分类的项目也可以从静态的价值构成和动态的社会再生产角度分别考察。从静态的价值构成的角度来看,挖潜改造资金属于补偿性支出;基本建设支出、流动资金、科技三项费用、地质勘探费、工交商业部门事业费、支援农村生产支出、各项农业事业费、价格补贴支出等支出中增加固定资产的部分,属于积累性支出;文教科学卫生事业费、抚恤和社会救济费、国防费、行政管理费等属于消费性支出。从动态的社会再生产的角度来看,挖潜改造资金、基本建设支出、流动资金、科技三项费用、地质勘探费、工交商业部门事业费、支援农村生产支出、各项农业事业费、价格补贴支出等支出中增加固定资产的部分,属于投资性支出;文教科学卫生事业费、抚恤和社会救济费、国防费、行政管理费等属于消费性支出。

2.按政府职能分类。按政府职能分类也称为按费用类别分类。政府主要有两种职能,经济管理职能和社会管理职能。财政支出是政府集中使用社会资源,实现政府职能的过程。因此,对应政府的两种职能,财政支出就形成了经济管理支出和社会管理支出。

经济管理支出主要是经济建设费,包括基本建设支出、国有企业挖潜改造资金、科技三项费用、简易建筑费、地质勘探费、增拨国有企业流动资金、支援农村生产支出、工交商业部门事业费、城市维护费、国家物资储备支出等。社会管理支出主要是国防费、行政管理费和社会文教费。其中,国防费主要包括各种武器和军事设备支出,军事人员给养支出,有关军事的科研支出,对外军事援助支出,民兵建设事业费支出,用于实行兵役制的公安、边防、武装警察部队和消防队伍的各种经费,防空经费等;行政管理费主要包括用于国家行政机关、事业单位、公安机关、国家安全机关、司法机关、检察机关、外交机关(包括驻外机构)等的各种经费、业务费、干部培训费等;社会文教费主要包括用于文化、教育、科学、卫生、出版、通信、广播、文物、体育、地震、海洋、计划生育等方面的经费、研究费和补助费等。这样,按照政府职能分类,财政支出可划分为经济建设费、国防费、行政管理费、社会文教费和其他支出共五类。

3.按财政支出的经济性质分类。按照财政支出的经济性质分类,财政支出可分为购买性支出和转移性支出。这种分类也可以说是以财政支出是否与商品和服务相交换为标准的分类。

购买性支出是指政府在市场上购买商品和服务所发生的支出,包括购买进行日常政务所需的和用于国家投资所需的商品和服务的支出。前者如政府各部门的事业费,后者如政府各部门的投资拨款。购买性支出的特点是,这类财政支出是与商品和服务相交换的,财政一方面付出了资金,另一方面得到了相应的商品和服务,即遵循等价交换原则,体现了政府的市场性再分配活动。转移性支出是指政府资金无偿的、单方面的转移,包括补助支出、捐赠支出和债务利息支出等。转移性支出的特点是,这类财政支出不与商品和服务相交换,财政一方面付出了资金,另一方面却无任何所得,即不遵循等价交换原则,体现了政府的非市场性再分配活动。

4.政府支出分类改革。在国际上,从现有的分类方法来看,大体上可以归为两类:一类是用于理论和经验分析的理论分类;另一类是用于编制国家预算的统计分类。从与财政改革实践结合紧密的统计分类来看,按照国际货币基金组织的分类方法,有职能分类法和经济分类法。

按职能分类,财政支出包括一般公共服务支出、国防支出、教育支出、保健支出、社会保障和福利支出、住房和社区生活设施支出、其他社区和社会服务支出、经济服务支出以及无法归类的其他支出。按经济分类,财政支出包括经常性支出、资本性支出和净贷款。

在借鉴国际经验的基础上,我国加快了财政支出分类改革。2005年年底,国务院正式批准了财政部《政府收支分类改革方案》,方案从2007年1月1日起执行。建立新的政府支出功能分类体系是这次政府收支分类改革的核心。

新的支出功能分类不再按基本建设支出、行政费、事业费等经费性质设置科目,而是根据政府管理和编制部门预算的要求,统一按支出功能设置类、款、项三级科目,共分为22类、170多款、1100多项。"类"级科目综合反映政府职能活动,如一般公共服务、国防、外交、公共安全、教育、科学技术、社会保障、环境保护等;"款"级科目反映为完成某项政府职能所进行的某一方面的工作,如"教育"类下的"普通教育";"项"级科目反映为完成某一方面的工作所发生的具体支出事项,如"水利"款下的"抗旱""水土保持"等。新的支出功能科目能够清楚地反映政府支出的内容和方向。

新的政府收支分类主要包括收入分类、支出功能分类和支出经济分类,其中,核心内容是支出分类改革,变支出经费性质分类为支出功能分类。支出功能分类主要根据政府职能进行分类,说明政府做什么。

按联合国《政府职能分类》,一国财政支出的职能分类大体包括四个部分:一是一般政府服务,主要反映政府需要且与个人和企业劳务无关的活动,包括一般公共管理、国防公共秩序与安全等;二是社会服务,主要反映政府直接向社会、家庭和个人提供的服务,如教育、卫生、社会保障等;三是经济服务,主要反映政府经济管理、提高运行效率的支出,如交通、电力、农业和工业等;四是其他支出,如利息、政府间的转移支付。

收支分类改革后设置的政府支出功能分类,参考了国外支出的职能分类办法,同时也考虑了我国政府职能构成和财政管理的实际需要。主要功能支出科目(类、款两级科目)设置情况如下。

(1)一般公共服务:分设32款,包括人大事务、政协事务、政府办公厅(室)及相关机构事务、发展与改革事务、统计信息事务、财政事务、税收事务、审计事务、海关事务、人事事务、纪检监察事务、人口与计划生育事务、商贸事务、知识产权事务、工商行政管理事务、食品和药品监督管理事务、质量技术监督与检验检疫事务、国土资源事务、海洋管理事务、测绘事务、地震事务、气象事务、民族事务、宗教事务、港澳台侨事务、档案事务、共产党事务、民主党派及工商联事务、群众团体事务、彩票事务、国债事务、其他一般公共服务支出。

(2)外交:分设8款,包括外交管理事务、驻外机构、对外援助、国际组织、对外合作与交流、对外宣传、边界勘界联检、其他外交支出。

(3)国防:分设3款,包括现役部队及国防后备力量、国防动员、其他国防支出。

(4)公共安全:分设10款,包括武装警察、公安、国家安全、检察、法院、司法、监狱、劳教、国家保密、其他公共安全支出。

(5)教育:分设10款,包括教育管理事务、普通教育、职业教育、成人教育、广播电视教育、留学教育、特殊教育、教师进修及干部继续教育、教育附加及教育基金支出、其他教育支出。

(6)科学技术:分设9款,包括科学技术管理事务、基础研究、应用研究、技术研究与开发、科技条件与服务、社会科学、科学技术普及、科技交流与合作、其他科学技术支出。

（7）文化体育和传媒：分设6款，包括文化、文物、体育、广播影视、新闻出版、其他文化体育与传媒支出。

（8）社会保障和就业：分设17款，包括社会保障和就业管理事务、民政管理事务、财政对社会保险基金的补助、补充全国社会保障基金、行政事业单位离退休、企业关闭破产补助、就业补助、抚恤、退役安置、社会福利、残疾人事业、城市居民最低生活保障、其他城镇社会救济、农村社会救济、自然灾害生活救助、红十字事业、其他社会保障和就业支出。

（9）社会保险基金支出：分设6款，包括基本养老保险基金支出、失业保险基金支出、基本医疗保险基金支出、工伤保险基金支出、生育保险基金支出、其他社会保险基金支出。

（10）医疗卫生：分设10款，包括医疗卫生管理事务、医疗服务、社区卫生服务、医疗保障、疾病预防控制、卫生监督、妇幼保健、农村卫生、中医药、其他医疗卫生支出。

（11）环境保护：分设10款，包括环境保护管理事务、环境监测与监察、污染防治、自然生态保护、天然林保护、退耕还林、风沙荒漠治理、退牧还草、已垦草原退耕还草、其他环境保护支出。

（12）城乡社区事务：分设10款，包括城乡社区管理事务、城乡社区规划与管理、城乡社区公共设施、城乡社区住宅、城乡社区环境卫生、建设市场管理与监督、政府住房基金支出、国有土地使用权出让金支出、城镇公用事业附加支出、其他城乡社区事务支出。

（13）农林水事务：分设7款，包括农业、林业、水利、南水北调、扶贫、农业综合开发、其他农林水事务支出。

（14）交通运输：分设4款，包括公路水路运输、铁路运输、民用航空运输、其他交通运输支出。

（15）工业商业金融等事务：分设18款，包括采掘业、制造业、建筑业、电力、信息产业、旅游业、涉外发展、粮油事务、商业流通事务、物资储备、金融业、烟草事务、安全生产、国有资产监管、中小企业事务、可再生能源、能源节约利用、其他工业商业金融等事务支出。

（16）其他支出：分设4款，包括预备费、年初预留、住房改革支出、其他支出。

（17）转移性支出：分设8款，包括返还性支出、财力性转移支付、专项转移支付、政府性基金转移支付、彩票公益金转移支付、预算外转移支出、调出资金、年终结余。

需要说明的是，支出功能项级科目没有完全按政府职能分类，而是根据预算细化和财政支出统计分析的需要，采用了四种不同的办法。

①按职能设置：如机关服务、小学教育、中学教育、高中教育、高等教育、中医医院、综合医院等。这类项级科目，着重于相关单位如机关服务中心，小学、初中、高中支出的完整反映。比如小学教育，原来用于小学教育的基本建设支出、教育事业费等都要归集在小学教育科目下，这样能完整反映某个小学的支出，便于自上而下进行统计。

②按活动设置：以全国人民代表大会机关的支出为例，全国人民代表大会机关预算分为基本支出预算和项目支出预算。对单位的基本支出，单独设置行政运行科目反映；基本支出之外的项目支出，属于专门活动的，如人大会议、代表培训、代表工作，单设人大会议、代表培训、代表工作科目反映，其他项目支出，未单设科目的，则设置一般行政管理事务反映。按活动设置项级科目，着重于相关单位支出的细化。

③分行业设置：对企业的支出，统一按国家统计局新的《国民经济行业分类》设置。比如，在工业商业金融等事务类下的制造业下，设置了纺织业、医药制造业、非金属矿物制造业、电器机械及器材制造业等项，以与国民经济行业统计一致。

④按资金用途设置：各项专项资金和政府性基金支出，2006年分别在一般预算支出、基金预算支出单设科目反映。为保证管理的延续，2007年支出科目分别在相关功能分类类、款下设置项级科目。如教育附加费支出，在教育类下单独设项反映；养路费支出，在交通运输类下的公路和水路运输下单独设项反映。这样在汇总时，不仅教育和交通

运输两个功能支出是完整的,而且将上述项级科目单独拿出来,也能够得到整个基金的收支情况。

关于支出的经济分类主要反映政府支出的经济性质和具体用途。从形式上看,各项财政支出,虽然都表现为资金从政府流出,但最终的经济影响是存在差异的。有些表现为政府的商品和服务购买,直接对社会的生产和就业产生影响,并最终影响资源配置;有些表现为资金的无偿转移,关系到收入分配,最终对社会生产和就业产生间接影响。支出按功能分类后再按经济分类,除了要细化预算,说明政府各项职能的具体支出差别外,如发了工资,是购置低值易耗的办公用品,还是购置资本性资产,比较重要的一点,就是方便对政府的支出进行经济分析。

支出经济分类设类、款两级,科目设置情况如下:第一,工资福利支出。分设7款:基本工资、津贴补贴、奖金、社会保障缴费、伙食费、伙食补助费、其他工资福利支出;第二,商品和服务支出。分设30款:办公费、印刷费、咨询费、手续费、水费、电费、邮电费、取暖费、物业管理费、交通费、差旅费、出国费、维修(护)费、租赁费、会议费、培训费、招待费、专用材料费、装备购置费、工程建设费、作战费、军用油料费、军队其他运行维护费、被装购置费、专用燃料费、劳务费、委托业务费、工会经费、福利费、其他商品和服务支出;第三,对个人和家庭的补助。分设14款:离休费、退休费、退职(役)费、抚恤金、生活补助救济费、医疗费、助学金、奖励金、生产补贴、住房公积金、提租补贴、购房补贴、其他对个人和家庭的补助支出;第四,对企事业单位的补贴。分设4款:企业政策性补贴、事业单位补贴、财政贴息、其他对企事业单位的补贴支出;第五,转移性支出。分设2款:不同级政府间转移性支出、同级政府间转移性支出;第六,赠与。下设2款:对国内的赠与、对国外的赠与;第七,债务利息支出。分设6款:国库券付息、向国家银行借款付息、其他国内借款付息、向国外政府借款付息、向国际组织借款付息、其他国外借款付息;第八,债务还本支出。下设2款:国内债务还本、国外债务还本;第九,基本建设支出。分设9款:房屋建筑物购建、办公设备购置、专用设备购置、交通工具购置、基础设施建设、大型修缮、信息网络购建、物资储备、其他基本建设支出；第十，其他资本性支出。分设9款：房屋建筑物购建、办公设备购置、专用设备购置、交通工具购置、基础设施建设、大型修缮、信息网络购建、物资储备、其他资本性支出；第十一，贷款转贷及产权参股。分设6款：国内贷款、国外贷款、国内转贷、国外转贷、产权参股、其他贷款转贷及产权参股支出；第十二，其他支出。分设5款：预备费、预留、补充全国社会保障基金、未划分的项目支出、其他支出。

政府收支分类体系改革有助于进一步推进决策科学化、民主化，保证人民依法实现民主决策、民主管理和民主监督政府预算的权利，配合公共财政体制的建立与完善，也是我国财政预算管理的又一项重大改革举措。

(二)财政支出结构

财政支出结构是指各类财政支出占总支出的比重。财政支出的不同分类形成了不同的财政支出结构。财政支出结构表明在现有财政支出规模的前提下财政资源的分布情况。由于社会公共需要是多方面的，而资源又是有限的，政府在通过财政支出满足社会公共需要的过程中，要用有限的资源满足多种需要，就必须按各种需要的比例，合理地分配资源，使资源分布状况与各种需要之间和平比例，因此，优化财政支出结构，直接关系到财政支出本身的效率和经济效率。不同的国家，不同的历史时期，财政支出结构会呈现不同的状况，其一般规律有以下几点。

1.财政支出结构变化受政府职能的影响。财政支出是政府活动的资金来源，因此，政府职能的大小和侧重点，直接决定财政支出结构，有什么样的政府职能，也就应当有其相应的财政支出结构。如果政府侧重于经济管理职能，财政支出结构就会偏重资源动员和经济事务方面的支出；如果政府侧重于社会管理职能，财政支出结构就会偏重行政管理、法律秩序、防卫等维持国家机器正常运转方面的支出。从我国的财政支出结构来看，经济建设费所占比重的下降趋势是非常明显的。这主要有两方面的原因：一是流动资金支出下降。从1983年7月开始，除了核工业部、航空航天工业部所属的少数国有企业外，绝大多数国有企业的流动资金供应从拨款改为由银行贷款；二是基本建设支出下降。在经济体制改革过程中，投资主体的多元化以及投资主体的资金来源多元化，使得预算内基本建设支出比重迅速下降。由此可见，政府的经济管理职能在逐步弱化。从社会管理支出方面来看，为了推动科教兴国战略方针的实施，政府不断加大对教育、科学等领域的投入，除个别年份外，社会文教费的比重保持上升趋势，行政管理费和其他支出也一直在持续上升。可见，政府的社会管理职能在日益加强。不过，在社会管理支出的增长中，有合理的成分，也有不合理的成分。首先，社会文教费的增长是合理的。随着我们对"科学技术是第一生产力"认识的提高，政府理应重视加大对教育、科学等领域的财政投入。其次，行政管理费的增长不尽合理。随着社会经济发展，经济活动日趋复杂，公共事务也日益增加，行政管理支出增加有其必然性，但是，其增长速度过快，与政府机构臃肿、人员膨胀、公用经费缺乏明显的界限、预算约束软化也是分不开的。

2.财政支出结构变化受经济发展阶段的影响。在经济发展的早期，政府投资应占较大的比重，公共部门为经济发展提供社会基础设施如交通、通信、水利设施、环境卫生系统等方面的投资。在经济发展的中期，私人部门的资本积累较为雄厚，各项经济基础设施建设也已基本完成，政府投资只是对私人投资的补充。因此，政府投资在财政支出中的比重会下降。在经济发展的成熟期，人们对生活质量提出了更高的要求，政府将增加对教育、保健与福利服务等方面的支出。从我国的实际情况来看，随着经济发展水平的进一步提高，政府对教育、卫生、社会保障和福利方面的支出比例在逐渐增加，这也是与经济发展阶段相适应的财政支出结构逐步优化的过程。

二、财政支出原则

财政支出原则就是在安排和组织财政支出过程中应当遵循的基本

准则,或者说是处理财政支出中各种矛盾所必须遵循的准则。

(一)公平与效率兼顾原则

兼顾公平与效率是评价一切社会经济活动的原则。在财政支出活动中也存在公平和效率,也应该遵循公平与效率兼顾的原则,不能只顾某一方面而忽视另一方面,但是,在具体的政策实施中,一国政府可以根据一定时期的政治经济形势侧重于某一方面。财政支出的效率是与财政的资源配置职能相联系的。财政在利用支出对资源进行配置时,要实现社会净效益(或净所得)最大化,这样的资源配置才是有效率的,即当改变资源配置时,社会的所得要大于社会的所失,差额越大效率越高。要实现财政支出效率,必须要控制和合理分配财政支出,要有评价财政支出项目和方案的科学方法和制度保证,安排财政支出的结果要能实现社会净效益最大化。财政支出的公平是与财政的收入分配职能相联系的。收入分配的目标就是实现公平分配,但是,市场在对社会成员的收入进行初次分配时,主要是以要素贡献的大小来确定其报酬或价格水平的,其结果可能导致社会成员收入分配产生巨大差距。财政的收入分配职能就是通过财政的再分配活动,压缩市场经济领域出现的收入差距,将收入差距维持在社会可以接受的范围内。对于一个社会来说,在强调经济效率的同时不能忽视社会公平的重要性。社会经济的稳定与发展是资源的有效配置和收入的合理分配的综合结果,实际上也是贯彻公平与效率兼顾的结果,因此,社会经济的稳定与发展是兼顾公平与效率的体现。

(二)量入为出与量出为入相结合原则

量入为出是指政府应根据一定时期(通常为一年)内的财政收入总量来安排财政支出,要力争做到财政收支基本平衡。量入为出体现了一国经济发展水平对财政支出的制约。量出为入是指应考虑国家最基本的财政支出需要来确定收入规模。量出为入肯定了政府公共支出保持必要数量的重要作用。量入为出和量出为入一直是我国古代财政思想的两极。"量入以为出"的思想最早见于《礼记》,为我国历史上的多数王朝所采用。到了唐朝德宗时,宰相、理财家杨炎提出了与之相反的思想。他说,国家的一切开支应"先度其数而赋予人,量出以制入"。他把国家一切开支先估算出一个数额,然后定出税额向人民收取,这一原则就是量出为入。作为财政支出的原则,应该将量入为出和量出为入结合起来。从量入为出与量出为入原则的相互关系看,应当肯定量入为出是一国实现财政分配的相对稳定、防止财政收支不平衡和因此产生的社会经济问题的最终选择,因此,量入为出原则具有普遍的实践意义,是政府安排财政支出必须坚持的基本准则,也是实现量出为入原则的基础。而量出为入原则是随着国家社会的发展,以及对政府在资源配置上的重要地位的肯定,为保障必不可少的公共支出的需要而形成的,但并不是指政府可以任意扩大财政支出。在现代社会中,只有把量入为出与量出为入的财政支出原则有效地结合起来,才能既避免财政分配的风险,又有利于政府公共职能的实现。

三、财政支出规模及发展趋势

财政支出规模可以用绝对数来表示,也可以用相对数即财政支出占 GDP 的比重来表示。

(一)财政支出规模理论的历史考察

1.瓦格纳法则。19 世纪 80 年代,德国著名经济学家瓦格纳对许多欧洲国家和日本、美国的公共部门支出的增长情况进行考察,认为一国工业化经济的发展与本国财政支出之间存在着一种函数关系,提出财政支出扩张论,后人称为瓦格纳法则。其主要内容是:随着人均收入的提高,财政支出占 GDP 的比重也相应提高。瓦格纳将其归结为两个方面的因素:随着社会的发展,市场中行为主体的关系更加复杂化,这就要求政府不断强化维护社会秩序,建立健全法律规章制度,以规范行为主体的社会经济活动,这必然要增加政府的财政支出,这可视为政治因素;随着社会的发展,在实现工业化和随之而来的管理集中化、城市化过程的加速和劳动力专门化的条件下,政府对经济的干预以及从事的生产性活动也会随着经济的工业化而不断扩大,这也必然会增加政府的财政支出,这可视为经济因素。

2.替代规模效应理论。皮科克和怀斯曼在瓦格纳法则的基础上,研究了英国1890—1955年公共部门的发展情况,对这段时期的财政支出历史数据进行了经验分析,认为在正常年份财政支出呈现一种渐进的上升趋势,但当社会经历激变(如战争、经济大萧条或严重的自然灾害等)时,财政支出会急剧上升,当这种激变时期过后,财政支出水平会下降,但不会低于原来的趋势水平,这个规律被称为替代规模效应理论,又称为梯度渐进增长理论。他们认为,导致公共支出增长的有内在和外在两个因素。政府为取得好业绩,是愿意多开支的,而公民一般不愿多纳税,因此,一般说来,公民容忍的税收水平决定了公共收入水平,从而构成了政府扩大公共支出的约束条件。在正常情况下,随着GDP的增加,在税率不变的情况下,税收也会增加,于是政府支出上升和GDP上升呈线性关系,这是内在因素。在社会发展过程中,总会遇上动荡时期,如战争和自然灾害等,政府支出不得不急剧增加,政府会被迫提高税率,公民也会被迫接受税收的增加。但动荡期过后,税收水平不会退到原来水平,政府会继续保持较高的支出水平,这是外在因素。所以,每经历一次社会动荡,都会导致财政支出水平的上升。

3.经济发展阶段论。马斯格雷夫和罗斯托用经济发展阶段论来解释公共支出增长的原因。他们认为在经济发展的早期阶段,政府公共投资往往要在社会总投资中占有较高比重。因为经济发展所必需的社会基础设施(如公路、铁路、桥梁、电力、环境卫生、供水系统、通信等)以及法律、秩序和教育等供给不足,而这些基础设施等具有极大的外部效应,私人部门不愿意投资,但是,它们的提供不仅影响整个国民经济的健康发展,而且也影响着私人部门生产性投资的效益,所以,政府必须加大基础设施的投资,创造良好的生产经营和投资环境。这些公共投资对于帮助早期的经济"起飞"以至进入发展的中期来说,是必不可少的前提条件。当经济发展进入中期后,社会基础设施供求趋于均衡,私人部门此时的资本积累也往往比较雄厚,政府投资只是私人部门的补充,政府投资在社会总投资中的比重会有所降低,但财政支出总规模并不一定下降,甚至有可能继续上升。其原因在于:当经济、社会发展进入中期后,市场失灵问题日益突出,并成为阻碍经济发展进入成熟期的关键因素,这就要求政府加强对经济的干预,以矫正、补充完善市场机制的不足,政府在这方面的财政支出会有所增加。随着经济发展由中期进入成熟期,人们对生活环境和质量的要求越来越高,财政支出结构会发生很大变化,即从以社会基础设施投资支出为主的支出结构,转向以教育、保健和社会福利支出为主的支出结构,从长期看,财政支出结构的这种变化趋势,导致了支出规模的不断扩大。

(二)影响财政支出规模的主要因素

根据当今世界各国财政支出变化的实际情况并结合前人的分析,影响财政支出规模大小的主要因素有以下几种。

1.经济性因素。其主要包括经济发展水平、经济体制及分配体制和政府的经济干预政策。

(1)经济发展水平:财政主要是对社会剩余产品进行分配,剩余产品越多,能供财政分配的数量也就越多。经济发展水平的高低直接决定着剩余产品率的高低,因而也就制约着财政支出的规模。前面讲到的马斯格雷夫和罗斯托的分析,就说明了经济发展水平对财政支出规模和结构变化的影响。经济发达国家的财政支出规模普遍要比经济发展落后的国家高,就是经济发展水平决定财政支出规模的明显例证。

(2)经济体制及分配体制:经济体制及与之相适应的分配体制的选择对财政支出规模的影响非常重要。一般说来,实行计划经济体制的国家的职能和财政分配范围都比较宽,因而财政支出规模都比较大;相反,实行市场经济体制的国家,财政支出的规模则相对较小。与经济体制相适应,实行计划经济体制的国家,分配体制的集中度都比较高,因此,财政支出的规模就比较大;反之,实行市场经济体制的国家,分配体制相对分散,其财政支出规模就比较小。我国自1978年改革开放以后至1995年这段时间,财政支出占CDP的比重不断下降。1978年之前我国实行的是计划经济体制,财政支出占CDP的比重比较高,原因是在高度集中的计划经济管理体制下,在CDP分配上实行"统收统支"的制度,对个人实行"低工资、高就业"的政策,许多个人生活必需品由国家低价乃至无偿供给,国有企业的利润甚至折旧基金几乎全部上缴国家,相应地国家要拨付给国有企业一定的固定资产和流动资金,这就导致财政支出占CDP的比重较高。经济体制改革以后,不再实行"统收统支"的制度,提高了个人的工资,对企业放权让利,与此相适应,国家也减少甚至取消了一些项目的支出,财政支出占GDP的比重自然会出现下滑趋势。

(3)政府的经济干预政策:政府干预经济活动时,采取的法律或行政手段与采取的财政等经济手段,具有不同的资源再配置效应和收入再分配效应。同样,即使政府是采用财政手段来干预经济,不同的财政手段干预的效应也是不同的。比如,财政资金的全额投资可以带动社会的配套资金,但也可采取财政贴息、财政补贴和税收支出等手段投入资金,则可能以少量的财政资金带动更多的社会资金投入,并引导社会资金的使用方向,即发挥财政"四两拨千斤"的效应。

2.政治因素。其主要包括政府的职能范围、国际环境和政体结构的行政效率和社会因素。

(1)政府的职能范围:财政分配主要是围绕政府职能的实现来进行的,财政支出的直接目的是为实现政府职能服务,即政府职能范围决定了政府活动的范围和方向,也因此决定了财政支出的范围和规模。从社会经济发展的历史来看,政府职能的大小始终是制约财政支出规模的重要因素。在自由竞争的资本主义时期,政府主要执行防止外来敌人入侵以及维护国内治安两项职能,也就是政府是"守夜人",因此财政支出规模较小;而在当今社会,政府职能扩大了,政府越来越重视教育、环境、社会保障等,因此,财政支出规模自然会增加。

(2)国际环境和政体结构的行政效率:这主要影响到政府的国防费和行政管理费。国防费是用来抵御外来侵略、保卫国家主权和领土完整的。国防费用的规模受国际环境尤其是周边国家环境的制约,同时,国际环境又影响到国内政局的稳定和社会的安定,这对国防支出、国家安全支出、武装经费、治安经费和社会管理费用等影响很大。如果一国的行政机构臃肿、人浮于事、效率低下,行政管理方面的开支必然增多。

3.社会因素。人口状态、文化背景等因素也在一定程度上影响着财政支出规模。人口的增加要求政府提供更多的就业机会,政府在教育、文化、卫生、体育等方面的支出随之增加,行政管理和社会管理方面的费用也相应提高。发展中国家人口基数大,增长快,相应地文教科卫支出等压力较大。特别是对于我国这样的发展中的人口大国,随着人口老龄化问题的不断凸显,人口因素对财政支出规模的影响更是不容忽视。而发达国家的人口老龄化、公众要求改善社会生活质量等问题突出,也会对财政支出提出新的需求。

四、财政支出效益分析

(一)如何理解财政支出效益

1.财政支出效益的含义。所谓效益,从经济学的一般意义上讲,是指人们在有目的的实践活动中"所费"和"所得"的对比关系。所费,就是活劳动和物化劳动的消耗和占用;所得,就是有目的的实践活动所取得的有用成果。所谓提高经济效益,就是"少花钱、多办事办好事"。财政支出效益研究的是财政支出规模多大、怎样的支出结构才能使经济和社会发展最快的问题。财政支出的规模应当适当,结构应当合理,其根本目标就是提高财政支出效益。因此,财政支出效益主要从两个角度考察:第一,财政支出总量效益,即财政支出在总量上应该多大才合适,如何确定适度的财政支出规模,以促进经济更快发展。这要分析财政支出占 CDP 的比重;第二,财政支出结构效益,即财政支出项目间的组合效益。财政支出各项目不同的使用比例,会带来不同的效益。

2.财政支出效益与微观经济主体支出效益的比较。财政支出效益和微观经济主体支出效益存在重大差别:首先,两者计算所费和所得的范围不同。微观经济主体只计算发生在自身范围内的直接的和有形的所费和所得,而政府除了要计算直接的和有形的所费和所得之外,还要计算长期的、间接的和无形的所费和所得。其次,两者择优的标准不同。微观经济主体追求的是利润最大化,所选方案要能够带来尽可能大的经济效益,而政府追求的是整个社会的最大效益,不仅要考虑经济效益,还要考虑社会效益,不回避可能的、必要的局部亏损。最后,两者效益的表现形式不同。微观经济主体支出效益的表现形式单一,即只需采用货币计算的价值形式,而政府财政支出效益的表现形式具有多样化特征,除价值形式以外,还可以通过其他如政治的、社会的、文化的等多种形式表现出来。所以,政府在提高财政支出效益的过程中面临的问题更为复杂。

(二)财政支出效益的评价方法

财政支出项目多种多样,针对不同类别的财政支出项目,就有不同的财政支出效益的评价方法。

1.成本—效益分析法。所谓成本—效益分析法,就是指针对政府确定的项目目标,提出若干建设方案,详列各种方案的所有预期成本和预期效益,并把它们转换成货币单位,通过比较分析,确定该项目或方案是否可行。采用成本—效益分析法的财政支出项目,如生产性投资之类,成本易于衡量,其效益是经济的、有形的,可以用货币计量。成本—效益分析法最早产生于美国的《1936年防洪法案》,如今,这种方法已经得到了广泛的应用。

2.最低费用选择法。最低费用选择法,是指只计算每项备选项目的有形成本,并以成本最低为择优的标准。采用最低费用选择法的财政支出,如行政管理、国防等方面的支出,其成本易于计算,但效益难以衡量,而且通过此类支出所提供的商品或服务,不可能以任何形式进入市场交换。运用这种方法确定最优支出方案,技术上不难做到,难点在于备选方案的确定,因为所有备选方案应能无差别地实现同一个既定目标,据此再选择费用最低的方案,但要做到这一点是很困难的。

3.公共定价法。公共定价是指政府相关管理部门通过一定程序和规则,制定提供的公共产品的价格和收费标准。采用公共定价法的财政支出项目,成本易于衡量,效益难以计算,但通过这类支出所提供的商品或服务,可以部分或全部地进入市场交易。从定价政策看,公共定价实际上包括两方面:一是纯公共定价,即政府直接制定自然垄断行业(如能源、通信、交通等公用事业和煤、石油、核能、钢铁等基本品行业)的价格;二是管制定价或价格管制,即政府规定竞争性管制行业(如金融、农业、教育和医药等行业)的价格。政府通过公共定价法,能够提高整个社会资源的配置效率,使这些产品和服务得到最有效的使用,从而提高财政支出的效益。

五、政府采购制度

(一)政府采购制度的含义

政府采购制度是以公开招标、投标为主要方式选择供货商(厂商),从国内外市场为政府部门或所属团体购买商品或劳务的一种制度。它具有公开性、公正性和竞争性的特征,而公平竞争是政府采购制度的基石。政府采购与私人采购相比,具有以下特征。

1.政府采购主体具有特殊性。政府采购资金主要是财政资金,政府采购主体是依靠国家财政资金运作的政府机关、事业单位等,政府采购资金主要来源于财政拨款,最终来源于纳税人缴纳的税款和政府公共性收费。而私人采购主体一般是指个人或企业等微观主体,因此,私人采购资金主要来源于个人收入或企业资金。

2.政府采购行为不以营利为目的。政府采购的目的是满足社会公共需要,实现政府职能和公共利益,提高财政资金使用效益,从事政府采购管理的机构和人员没有赢利的动机。而企业等微观主体的采购行为的目的是使赢利最大化。

3.政府采购具有政策性。公共支出管理是国家管理经济的一个重要手段,而作为公共支出管理重要环节之一的政府采购,必须承担执行国家政策的使命。同时,一国政府也可将政府采购作为保护本国产品和企业的手段。而私人采购则没有这种责任。

4.政府采购范围广、规模大。政府采购涉及面相当广泛,规模非常大,为了便于管理和统计,国际上通行的做法是按采购对象的性质将其分为货物、工程和服务。政府采购不论从采购数量还是从采购耗费的资金量来说,政府始终是各国国内市场最大的消费者。

(二)政府采购制度的意义

为了加强财政支出管理,在广泛借鉴国际经验的基础上,我国于1996年开始了国际上通行的政府采购试点工作。2002年,第九届全国人民代表大会通过了《中华人民共和国政府采购法》,并公布自2003年1月1日起实施。政府采购制度的实施对提高财政资金的使用效益,加强国家的宏观调控能力,优化资源配置和抑制腐败现象具有重要作用,尤其可以从以下三个层次上提高财政支出效益。

1.从财政部门自身角度来看。政府采购制度有利于政府部门强化支出管理,硬化预算约束,将市场的竞争机制引入政府消费,在公开、公正、公平的竞争环境下,充分利用买方市场的优势,降低购买成本,提高财政资金的使用效益。

2.从政府代理人角度来看。政府采购机构通过招标竞价的方式优中选优,可以尽可能地节约资金,提高所购货物、工程及服务的质量,防止重复购置,从而进一步规范政府采购行为,有利于政府采购制度实施效率的提高。

3.从财政部门代理人与供应商之间的关系角度来看。政府采购制度引入招投标竞争机制,使得采购实体与供应商之间合谋腐败的现象大大减少,在很大程度上避免了供应商与采购实体成为最大受益者而国家成为最大损失者的问题的出现,即通过强化制度约束机制,能够从源头上抑制腐败现象的产生。

第二节 购买性支出

购买性支出是政府及其机构在市场上购买商品和劳务,用于政治、经济、军事、文化和外交活动等方面的支出。按照被购买商品和劳务的消费特征,购买性支出可以分成消费性支出和投资性支出两大类。

一、财政消费性支出

(一)财政消费性支出的含义

财政消费性支出是购买性支出的一项重要内容。财政消费性支出是指维护政府机构正常运转和政府提供公共服务所需的经费的总称。在财政支出安排上,首先,财政消费性支出是国家执行政治职能和社会职能的保证。一国政府不仅要为公民提供国家防务和社会安定,还要通过法律、行政和社会管理处理和协调公民之间的相互关系,维系正常的社会关系以及商务关系。其次,随着经济的不断增长,政府还必须保证各项社会事业的相应发展,实现经济社会的可持续发展,扩展社会发展空间,不断提高居民的生活质量。在我国目前的财政支出项目中,属于财政消费性支出的有行政管理支出、国防支出、文教科卫支出以及工交商农等部门的事业费等。

(二)行政管理支出

1.行政管理支出的内容。行政管理支出是财政上用于国家各级权力机关、行政管理机关和外事机构行使其职能所需的费用,包括行政管理费、公检法司支出、武装警察部队支出、国家安全支出、外交外事支出和对外援助等。其中,行政管理费包括党政机关经费、行政业务费、干部训练费及其他行政费等;公检法司支出包括各级公安司法检察机关经费、公安司法检察业务费、司法警察学校和公安司法检察干部训练学校经费及其他经费等;武装警察部队支出包括武装警察部队经费、业务费等;国家安全支出包括安全机关经费、安全业务费等;外交外事支出包括驻外机构经费、出国费、外宾招待费和国际组织会费等。行政管理支出按最终用途划分,可分为人员经费和公用经费两部分。人员经费是指用于保证行政人员正常行使其职能的费用支出,包括上述政府权力机关、行政机关和外事机构的工作人员的工资、福利费、离退休人员费用和其他经费;公用经费是指用于保证政府机构正常开展公务而花费的支出,包括公务费、修缮费、业务费和购置费等。

2.我国行政管理支出的状况。近年来,我国行政管理支出占GDP的比重、行政管理支出占财政支出的比重呈逐年上升的趋势。行政管理费的增长,有其合理性。随着社会经济活动日趋复杂、社会交往的规模增大以及"城市化"进程的加快,用于维持秩序的机关的增多以及相应的经费的增长也就不可避免。而国际交往也会随经济发展和外事活动的频繁而逐渐增多,于是,驻外机构的费用、迎来送往的支出也将呈不断增加的趋势。但是,我国在较长时间内政府职能界定不清、政府机构和人员过度膨胀,是导致行政管理支出过多、增速过快的主要原因。此外,行政管理支出理应向公用经费倾斜,但我国的公用经费缺乏明确的界定,预算约束软化,行政机构和人员队伍庞大,政企不分,经费增长过快,滋长了官僚主义,助长了铺张浪费,是贪污腐败的温床。

我国人口众多,行政事务繁杂,在传统体制下,政府包揽过多,而当前又处于转轨过程中,所以行政管理支出的控制是一个十分棘手的问题。究竟要有怎样的一些政府部门,设置哪些机构,行政管理费应当维持多大规模,最终还是要通过正常的政治程序来解决和完善。为此,首先需要进一步完善政治程序的科学化和民主化,提高其透明度。参照各国的经验,可行的办法是对行政管理费支出的绝对规模或其占财政支出的比重规定一个具有法律效力的指标,并由国家立法机关和国家审计部门对之施行严格的审计监督和立法监督。与此同时,财政部门本身必须对行政管理支出加强管理和监督,主要是适应行政机构改革,规范行政管理支出的供应范围,完善行政管理支出定额和考核办法,坚持支出程序,加强检查监督,走上法制化、规范化的轨道。

（三）国防支出

1.我国国防支出的内容。我国的国防支出包括国防费、国防科研事业费、民兵建设费以及用于专项工程和其他方面的支出,按用途可分为维持费和投资费两大部分。维持费主要用于维持军队的稳定和日常活动,提高军队的战备水平,是国防建设的重要物质基础,包括军队人员经费、军事活动维持费、武器装备维修保养费和教育训练费等;投资费主要用于提高军队的武器装备水平,是增强军队战斗力的重要条件,主要包括武器装备的研制费、武器装备的采购费、军事工程建设费等。

2.我国国防支出的状况。我国国防支出增长总的趋势是缓慢的,20世纪90年代中期趋减,近几年有所增加,但增减幅度不大,一般滞后于财政支出和GDP的增幅。我国国防支出的总体水平在世界上相对较低。我国国防支出的低水平,不仅反映在国防支出的绝对值上,也反映在国防支出占GDP和国家财政支出的比重上。据《国际统计年鉴2009》数据测算,2007年,我国的国防支出为4929.07亿元人民币,占国家财政支出的比重为9.9%,这一比重在2005年为7.3%,2006年为7.4%,即与前几年相比大体持平。2007年国防支出占GDP的比重,中国为1.96%,美国为4.05%,英国为2.38%,法国为2.34%。2007年,中国国防支出占政府财政支出的比重为9.9%,同年,美国国防支出占政府财政支出的比重为18.45%,法国为5.39%,德国为4.36%。

国防支出规模是和同一个时期的国际形势和该国的国防政策直接相关的。我国实施积极防御的军事战略方针,立足于打赢现代技术特别是高新技术条件下的局部战争,注重遏制战争的爆发,坚持和发展人民战争思想。我国国防建设的基本目标和任务是:制止分裂,促进统一,防备和抵抗侵略,捍卫国家主权、领土完整和海洋权益;维护国家发展利益,促进经济社会全面、协调、可持续发展,不断增强综合国力;坚持国防建设与经济建设协调发展的方针,建立符合中国国情和适应世界军事发展趋势的现代化国防,提高信息化条件下的防卫作战能力;保障人民群众的政治、经济、文化权益,严厉打击各种犯罪活动,保持正常的社会秩序和社会的稳定。因此,根据我国的国防政策以及当前的国际形势,确定合理的国防支出规模是必然途径。

(四)文教科卫支出

1.文教科卫支出的内容。文教科卫支出是文化、教育、科学、卫生支出的简称。此外,文教科卫支出还包括出版、文物、档案、地震、海洋、计划生育等项事业的事业费支出。文教科卫支出按用途不同,可以分为人员经费支出和公用经费支出,它们分别用于文教科卫等单位的人员经费支出和公用经费支出。人员经费支出主要用于文教科卫等单位的工资、补助工资、职工福利费、离退休人员费用、奖学金等开支项目,其中,工资是人员经费支出中最主要的内容。公用经费支出用于解决文教科卫等单位为完成事业计划所需要的各项费用开支。按2007年1月1日起执行的《政府收支分类改革方案》中的支出功能分类,"教育类"下分设10款支出:教育管理事务支出、普通教育支出、职业教育支出、成人教育支出、广播电视教育支出、留学教育支出、特殊教育支出、教师进修及干部继续教育支出、教育附加及基金支出、其他教育支出。"科学技术类"下分设9款支出:科学技术管理事务支出、基础研究支出、应用研究支出、技术研究与开发支出、科技条件与服务支出、社会科学支出、科学技术普及支出、科技交流与合作支出、其他科学技术支出。"文化体育与传媒类"下分设6款支出:文化支出、文物支出、体育支出、广播影视支出、新闻出版支出、其他文化体育与传媒支出。"医疗卫生类"下分设10款支出:医疗卫生管理事务支出、医疗服务支出、社区卫生服务支出、医疗保障支出、疾病预防控制支出、卫生监督支出、妇幼保健支出、农村卫生支出、中医药支出、其他医疗卫生支出。

(1)教育支出:"百年大计,教育为本",教育发达程度、教育投入水平常常是衡量一个国家文明程度、一个民族素质的主要标准。从经济性质看,教育一般被看作一种混合产品。然而,教育是分初、中、高几个层次的,而多数国家根据本国经济发展程度,通过宪法对初级教育规定若干年的义务教育。所谓义务教育,是保证公民基本素质的教育,既是每个公民的一种权利,也是每个公民的一种义务,带有强制性。既然是国家通过立法安排的义务教育,每个公民都可以无差别地享受这种教育,那么这种教育服务理所应当由政府来提供和保证,如果政府不能保证义务教育的足够的经费,就应视为政府的失职。从这个角度来看,义务教育是纯公共产品。至于义务教育以外的高层次教育,主要有高等教育、职业教育和成人教育等,则具有两面性:一方面,高层次教育是提高公民素质的教育,可以为国家培养建设人才,从而促进社会经济的发展,因而也属于公共产品范畴;但另一方面,受教育者可以从高层次教育中获得更多、更高的知识和技能,为将来找到一份较好的工作、获得较高的收入、拥有较多的晋升机会奠定基础。也就是说,个人从高层次教育中得到的利益是内在化和私人化的,而且一些人接受高层次教育,就会减少另一些人接受高层次教育的机会。因此,按照公共产品理论,义务教育以外的高层次教育,不属于纯公共产品,而属于混合产品。教育服务的混合产品性质,决定了教育不能像国防和国家安全一样,完全由政府免费提供,而应该向受教育者部分地收费,而且也可以由私人兴办。

（2）科研支出:从经济性质来讲,科学研究属于混合产品。科学研究是可以由个人或某一集体去完成的。一般地说,科学研究的成果也可以有偿转让,但有一些情况会使这种买卖十分困难。科学研究是社会共同需要的,但由于一部分科学研究的成果所获得的利益不易通过市场交换与科学研究的成本对应起来,所以,用于那些外部效应较强的科学研究活动(主要是指基础科学研究活动)的经费,应由政府承担,而用于那些可以通过市场交换来充分弥补成本的科学研究活动(主要是指应用性科学研究活动)的经费,则可由微观主体来承担。

（3）卫生支出:卫生事业分为公共卫生和医疗。公共卫生产品是具有很大外部效应的纯公共产品,包括安全饮用水、传染病与寄生虫病的防范和病菌传播媒介的控制等。由于这些产品具有非排他性,即不能排除不付费者享受这种服务的利益,因而私人根本不会提供或者不会充分提供。除此之外,公共卫生产品还包括提供卫生防疫和卫生信息一类的活动,而卫生信息是一种具有外部效应和非排他性的公共产品,市场不可能充分提供卫生、免疫、营养以及计划生育等方面的免费服务,因此,政府必须提供公共卫生支出。医疗属于混合产品,可以由政府和市场共同承担。

2.我国文教科卫支出状况。文教科卫事业的发展与物质财富的生产有着密切的关系,而且其贡献越来越大。文化、教育、科学、卫生事业在现代社会经济发展中发挥着日益重要的作用,各国政府无不投入大量资金,而且支出规模越来越大。我国财政支出的结构变化也充分反映了文教科卫支出份额不断增大的趋势。具体来看:在教育支出方面,近年来,我国教育经费支出规模不断增长。2005年,财政性的资金用于教育支出的占GDP的比重大概是3.12%。2006年,由于调整了GDP统计数,增加了2万多亿CDP,所以这个比重又降到2.86%。我国教育经费来源的构成以政府投入为主。2007年起,全国农村义务教育学费全免,还了义务教育纯公共产品的本来面目。在科研支出方面,我国财政用于科学研究的支出占财政支出和GDP的比重基本上是在逐年提高,同时,还通过科技三项费用、税收优惠和财政补贴等多种渠道鼓励和带动民间的科技投入。我国科学研究投入虽有较快的增长,但与发达国家相比仍存在着较大的差距,与某些科技进步较快的发展中国家相比也有一定的差距。今后,继续增加科技投入并加大鼓励企业增加科技投入的财政政策的力度,仍是制定财政政策的一个重要方向。在卫生支出方面,2000年中国卫生筹资的公平性在世界卫生组织(WHO)的191个会员国中排名第188位,处在倒数第4位的位置,仅稍好于巴西、缅甸和塞拉利昂。自"非典"事件爆发后,我国对卫生事业的重视程度加强,反映在财政支出方面,是对卫生事业方面的财政支出大规模增加。此外,我国医疗保险制度的改革也在逐步深化。

二、财政投资性支出

(一)财政投资性支出的含义

财政投资性支出又称政府投资支出。政府投资和非政府投资构成社会总投资。财政投资是指政府为了实现经济和社会发展战略,将一部分财政资金转化为公共部门资产的行为和过程。有别于一般财政消费支出,财政当期的投入将带来未来的产出。但政府投资与非政府投资相比,有其显著的特点。

1.追求的目标不同。非政府投资追求微观上的营利性,非政府投资是由具有独立法人资格的企业或个人从事的投资,作为商品生产者,他们的目标是追求赢利,而且,他们的赢利是根据自身所能感受到的微观效益和微观成本计算的;而政府投资则追求国民经济的整体效益,由于政府居于宏观调控的主体地位,因此必须从社会效益和社会成本角度来评价和安排自己的投资。

2.资金的来源渠道和投资方向不同。企业或个人主要依靠自身的积累和社会筹资来为投资提供资金,一般难以承担规模宏大的建设项目,主要从事周转快、见效快的短期性投资;而政府投资资金来源于税收、公债等渠道,财力雄厚,可以投资于大型项目和长期项目。

3.在国民经济中的地位和作用不同。市场经济条件下,投资主要依赖于企业,但企业囿于一行一业,其投资不可能顾及非经济的社会效益,如果完全依靠非政府投资,一国的投资结构就很难优化;而政府却可以从事社会效益好而经济效益一般的投资,可以将投资集中于那些"外部效应"较大的公用设施、能源、通信、交通、农业以及治理大江大河和污染等有关国计民生的产业和领域,从而优化国民经济结构,打破经济发展中的各种"瓶颈"。

(二)基础设施的财政投资

1.基础设施的含义。基础设施有广义和狭义之分。狭义的基础设施,是指经济社会活动的公共设施,主要包括交通运输、通信、供电、机场、港口、桥梁和城市给排水、供气等。广义的基础设施,除包括狭义的内容外,还包括提供无形产品或服务的科学、文化、教育、卫生等部门。基础设施是支撑一国经济运行的基础部门,它决定着工业、农业、商业等直接生产活动的发展水平。一国的基础设施越发达,该国的国民经济运行就越有效,人民的生活也越便利,生活质量相对来说也就越高。

2.基础设施财政投资的必要性。马克思曾把生产条件分为共同生产条件和特殊生产条件。与此相对应,他把固定资本也分为两类:一类是以机器的形式直接进入生产过程的那种固定资本;另一类是具有铁路、建筑物、农业改良、排水设备等形式的固定资本。马克思具体指出了后一类固定资本的特点:作为生产资料来看,固定资本在这里与机器一类的东西不同,因为它同时被不同的资本当作它们共同的生产条件和流通条件来使用。固定资本不是表现为被包含在特殊生产过程中的东西,而是表现为各特殊资本的大量这类生产过程的联络动脉,它就是由这些特殊资本一部分一部分地消耗掉的。因此,在这种场合,对于所有这类特殊资本就其特殊生产过程来说,固定资本是一种特殊的同它们相分离的生产部门的产品,但是,在这里不能像机器的买卖那样,即一个生产者不能把它作为流动资本售出,另一个生产者也不能把它作为固定资本买进来;相反,它只有以固定资本自身的形式才能出售。因此,基础设施与其他产业相比,具有不同的经济意义。从整个生产过程来看,基础设施为整个生产过程提供"共同的生产条件",具有不可分割性和独占性。

基础设施大都属于资本密集型行业,需要大量的资金投入,而且它们的建设周期比较长,投资形成生产能力和回收投资往往需要许多年,这些特点决定了大型的基础设施很难由个别企业独立投资完成。这也和前面提到的政府投资的特点相适应。

基础设施是位于国民经济上游的部门,其使用消耗构成其他产业的成本,因此,基础设施的价格关系到其他产业的价格。如果基础设施发展得薄弱,成为国民经济的"瓶颈",就会影响到整个国民经济健康、持续、稳定地发展。因此,基础设施的发展离不开政府强有力的支持。

在我国经济发展的过程中,长期存在着结构性矛盾,基础设施的短缺长期成为社会经济发展的主要制约因素。比如,电力供应长期不足,供给增长速度滞后于GDP的增长速度,"瓶颈"影响十分严重,而且至今仍然存在。1998年,我国实施积极财政政策,主要通过增发国债来筹集资金,并将这些资金重点用于大江大河的治理、农林水利和交通通信设施建设、环境保护、城乡电网改造、粮食仓库建设和城市公用事业等方面支出,公共设施的落后状态已经大有改观。

(三)农业的财政投资

1.农业财政投资的主要内容是财政支农资金。

(1)农林、水利、气象等方面的基本建设投资支出:国家财政对农业和农垦部门的基本建设投资,主要包括对国有农场和生产建设农垦区的基本建设投资;对林业的基本建设投资,主要包括建设场房,购买设备、种苗和栽树等费用;对水利的基本建设投资,主要包括根治大江大河,修筑水库、桥梁等基本建设费用;对气象部门的基本建设投资,主要包括建设气象台、站和购买设备等费用。此外,基本建设投资支出还包括对属于上述系统的事业单位的基本建设投资。

(2)农林企业挖潜改造资金支出:这是指国家财政用在农垦、农牧、农机、林业、水利、水产、气象等方面的挖潜改造资金。

(3)农林部门科技三项费用:这是指国家财政用于农业、畜牧、农机、林业、水利、水产、气象等部门的新产品试制费、中间试验费和重要科学研究补助费科学技术三项费用。

(4)农林、水利、气象等部门的事业费支出:这是指国家财政用在农垦、农场、农林、畜牧、农机、林业、水利、水产、气象、乡镇等方面以及农业资源调查和土地管理等方面的事业费。

(5)支援农业生产支出:这是国家财政对农村集体经济单位和农户的各项生产性支出的支援,主要包括小型农田水利和水土保持补助费、支援农村合作生产组织资金、农技推广和植保补助费、农村草场和畜禽保护补助费、农村造林和林木保护补助费、农村水产补助费、农业发展专项资金和发展粮食生产专项资金支出等。

2.农业财政投资的必要性、范围和重点。农业财政投资有其必要性,因为农业部门自身难以产生足够的积累,生产率较低的现状使其难以承受贷款的负担,更为重要的是,许多农业投资只适宜由政府来进行。一般来说,凡是具有外部效应且规模巨大的农业项目,都应由政府财政投资,具体包括以下两个方面。

(1)以水利为核心的农业基础设施建设:农业固定资产投资,如治理大江大河的投资、大型水库和各种灌溉工程等的投资,其特点是投资额大,投资期限长,牵涉面广,投资以后产生的效益不易分割,而且投资的成本及其效益之间的关系不十分明显。由于具有上述特点,农业固定资产投资不可能由分散的农户独立进行,所以应由政府财政投资。

(2)推动农业技术进步的农业科研活动:农业科研属于基础性科研,具有典型的外部效应。农业科研成果应用于农业生产,必须经过推广的程序,为了使农户接受新的生产技术,还需对农户进行宣传、教育和培训。为完成这一系列任务,需要筹集大量资金。农业科研成果将会使运用这项成果的农户受益,也就是说,农业科研单位的研究成果所产生的利益是"外溢"的,但是,进行这项科研活动所需的一切费用却只能由科研单位自己承担。不仅如此,科研活动可能失败,其风险也只能由科研单位独自承担。因此,诸如农业科研、科学技术推广、农户教育之类的对农业发展至关重要的方面的投资,依靠单个的甚至是组织成为较大集体的农户来办,是很困难的,这些投资只能由政府来承担。

适宜由农户来承担的投资主要是流动资金投资(如购买农药、化肥、薄膜、除草剂等)以及如农机具及供农户使用的农业设施等固定资产投资。这些投资从规模上看是农户能够承担的,投资后产生的效益也很容易分割,成本与效益的对应关系也比较明显。

近年来,我国对农业的财政投入有所增加,但与我国农业的重要地位和发展要求相比,政府对农业的支持总量仍是低水平的。因此,政府应继续加大对农业的投资力度,优化投资结构,完善政府财政支农资金的管理体制。

(四)财政投融资制度

1.财政投融资概念。财政投融资制度于20世纪40年代后期产生于日本,是一个财政与金融有机融合的独特的经济范畴,并以其独特的作用受到世界各国政府的重视。财政投融资是政府为实现一定的产业政策和其他政策目标,通过国家信用方式筹集资金,由财政统一掌握管理,并根据国民经济和社会发展规划,以出资(入股)或融资(贷款)方式,将资金投向急需发展的部门、企业或事业的一种资金融通活动。财政投融资是一种政策性投融资,它既不同于一般的财政投资,也不同于一般的商业性投资,而是介于这两者之间的一种新型的政府投资方式。

2.财政投融资的基本特征。

(1)财政投融资是一种政府投入资本金的政策性融资,它是在大力发展商业银行的同时构建的新型投融资渠道。随着社会主义市场经济体制的逐步建立和完善,市场融资的份额将扩大,把专业银行的政策性业务分离出来,也有助于实现专业银行商业化。

(2)财政投融资的目的性很强,财政投融资的范围也有严格的限制,主要投向能实现政府在不同经济发展阶段制定的政策目标的领域,一般来说,主要为基础设施和农业部门。当然,财政投融资的适用范围也随着具体的经济发展阶段而有所调整。如随着我国经济改革的深化,现在的大多数基础工业品会退出财政投融资领域,而在条件成熟时进入市场,放开价格,并通过组建股份公司和企业集团的形式来谋求发展。

(3)计划性与市场机制相结合。一方面,财政投融资的政策性和计划性很强,对市场的配置起补充调整作用;另一方面,它并没有脱离市场,而是以市场参数作为配置资金的主要依据,如政策性优惠贷款利率要以市场利率为基础。

(4)财政投融资的管理由国家设立的专门的政策性金融机构——政策性银行负责统筹管理和经营,这样可以避免有偿性投资与一般性投资混淆,提高政府投资运作的总体效率。我国在1994年成立了三家政策性银行:国家开发银行、中国农业发展银行和中国进出口银行。

(5)财政投融资的预算管理比较灵活,在预算年度内,国家预算的调整需要经过人民代表大会审批通过,而财政投融资预算在一定范围内(比如50%)的追加,无须人民代表大会的审批。这样就能够根据经济发展状况及时调整财政投融资预算,减轻经济波动,不仅能弥补一般预算用于政府投资的资金不足,充分有效地调动国家财力,而且还能改善产业结构,增加社会资本积累,促进经济稳定增长。

第三节 转移性支出

转移性支出是指财政对居民个人和非公共企业提供的无偿资金支付,在财政支出科目上主要包括社会保障支出、财政补贴、国债利息支出和捐赠支出等,是政府实现公平分配的主要手段。转移性支出远离市场,可以避免对市场运行的直接干扰;转移性支出发生在分配环节,可以直接发挥对低收入阶层的保障作用。因此,市场经济下的各国政府普遍通过转移性支出实现公平职能。

一、社会保障支出

(一)社会保障制度的含义和内容

社会保障制度是指国家为了帮助其公民克服面临的风险和不确定性因素,而面向所有公民提供基本生活保障的制度。这类不确定性因素主要有年老、残废、疾病、工伤、失业、自然灾害、贫困等。社会保障制度一般包括以下几个方面的内容。

1.社会保险。社会保险是社会保障制度的核心内容,它所遵循的原则是:风险共担,互助互济。社会保险是国家强制实施的交费保险,费用一般由雇主和雇员分担,当支付不足时,由政府财政弥补差额。我国社会保险主要包括养老保险、工伤保险、医疗保险、失业保险、生育保险等不同形式。

2.社会救济。社会救济是国家财政通过财政拨款,向生活确有困难的城乡居民提供资助的社会保障计划。社会救济只向符合条件的需要者免费发放,如残疾人、儿童、贫困妇女、无依无靠的老人等。我国从国家发展的实际出发,最大限度地对生活困难者实行最低社会保障,对受灾群众进行救济,对城市流浪乞讨人员予以救助,提倡并鼓励开展各种社会互助活动。

3.社会抚恤。社会抚恤是国家专门向对社会有功人员,有特殊贡献人员提供的特殊津贴。它是一种不需要交费的特殊津贴,费用全部由国家负担,内容主要包括对烈士、伤残军人、因公受伤的政府工作人员或公民等的各种福利开支。我国政府动员社会各方面力量,从保障优抚对象和退役军人的切实利益出发,不断完善各项优抚安置制度,提高优抚对象的保障水平,推进退役军人安置管理的法制化、制度化建设,维护优抚安置对象的合法权益。

4.社会福利。社会福利是指对特定的社会成员的优待和提供的福利。我国政府积极推进社会福利事业的发展,通过多种渠道筹集资金,为老年人、孤儿和残疾人等群体提供社会福利。

(二)社会保障资金的筹措

社会保障制度的内容不同,其资金筹集的手段也各不相同。

1.社会救助、社会福利、社会优抚类的资金筹集。这几类保障项目所要保障的风险具有一定的偶然性和特殊性,不是每一个社会成员在一生中都会遇到的,其资金的需要量没有一定的规律,且数量相对较少,而且接受资助的社会成员或无力缴纳社会保障费用,或无须缴纳相关费用。鉴于此,此类保障项目不需要建立专门的资金筹措制度,其资金直接来源于政府的一般税收收入,而支出项目则列入政府的一般经费预算,并通过政府的有关管理部门将补助金转移到受助人手中。

2.社会保险资金的筹措。社会保险的保障相比其他保障更具有普遍性,其所保障的主要风险几乎是每一个社会成员都会遭遇到的,故社会保险费用具有数量大、支出有规律性的特点,这就要求社会保险项目一定要有广泛而稳定的资金来源。其主要形式有以下四种。

(1)基金积累制:基金积累制是采用预筹积累方式来筹集资金,在若干年里,按规定的一定比例逐年逐月缴纳而积累形成的。其基本原则是事先提留、逐年积累、到期使用。其具体办法是采用个人账户,在社会保障机制中引入激励机制,即谁积累谁受益、多积累多收益。由于个人账户产权清晰,可以调动人们进行积累和劳动的积极性,从而避免了"吃大锅饭"的弊端。基金积累制筹资模式具有费率高、对应性强、能形成预筹资金、不存在支付危机的特点。但其也面临如何使预筹基金免受通货膨胀的威胁和不断保值增值的问题。同时,采用个人账户方式预筹积累,必然依赖大量的信息,要对庞大的信息系统进行管理,这就对管理人员的素质和科技水平提出了较高的要求。

(2)现收现付制:当年筹集的保险资金只用于满足当年支出的需要,而不为以后年度的社会保险储备基金。也就是说,现收现付制是在职的一代赡养已退休的上一代、在职的交费直接用于支付当期退休者的退休金。这种制度有利于低收入者,同时由于基金实行现收现付,不会出现基金积累受经济波动的影响而使退休金遭遇损失。但是,由于人口老龄化问题,它给政府带来的财政压力将越来越大。

(3)社会保险税:社会保险税是为筹集特定的社会保险款项,对一切发生工薪收入的雇主、雇员,以其支付、取得的工资、薪金收入为课税对象而征收的一种税。该税借助税收的强制性、固定性来筹集社会保险资金,使其具有稳定、可靠的来源,有利于统一管理、提高社会保障的社会化程度。

(4)混合制:混合制是指根据社会保障内容的不同特征,资金的筹集一部分采用基金积累制方式,另一部分采用社会保险税方式。其特点是在一定程度上可以尽量避免单一实行上述两种筹资方式的缺点。但采用混合制有可能造成社会成本的提高,即既要有一部分人来从事社会保险税的征收和分配,又要有一部分人去管理个人账户的业务。这无疑将消耗更多的资源来实现特定水准的社会保险,从而加大成本开支。

目前,我国正在进一步完善社会保障制度,对养老、医疗、失业实行社会统筹与个人账户相结合的模式。但这也仅局限在城市居民中,其主要缺陷表现为统筹范围、待遇标准、资金管理和发放缺乏严格明确的法律依据。一方面,一些单位和个人不及时足额上缴保险费用,大量资金游离于财政控制范围之外;另一方面,社会保险基金被挤占、挪用,缺乏保值增值机制,浪费严重,效益低下。因此,为适应社会主义市场经济发展的要求,建立一套约束力强、刚性足的资金筹集制度已迫在眉睫。我国应借鉴国际经验,适时开征社会保险税,这是当前行之有效的理想选择。在《中华人民共和国国民经济和社会发展"九五"计划和2010年远景目标纲要》中,我国已明确提出要开征社会保险税。随着社会保险事业改革的深入,社会保险税的征收、管理、使用、分工协作的统一体系也必将逐步建立和完善。随着社会经济的发展,我国应建立和完善适合我国国情,与我国经济发展水平相适应的社会保障制度,扩大社会保障的范围,提高社会保障的水平。

二、财政补贴

(一)财政补贴的含义和分类

1.财政补贴的含义。财政补贴是一种影响相对价格结构,从而可以改变资源配置结构、供给结构和需求结构的政府无偿支出。财政补贴总与相对价格的变动联系在一起,或者是财政补贴引起价格变动,或者是价格变动导致财政补贴。因此,财政补贴也称为价格补贴。

2.财政补贴的分类。

(1)物价补贴:物价补贴是国家为了弥补因价格体制或政策原因,造成人民生活水平降低或企业利润减少而支付的补贴。比如,当市场价格过低,农民增产不增收时,政府为保护农民利益,按保护价敞开收购粮食,实行的就是农产品物价补贴。实行物价补贴后,农产品的相对价格提高了,能够保证农民的收入,有利于农业的发展。

(2)企业亏损补贴:企业亏损补贴是国家对一些政策性亏损的国有企业给予的补贴,以维持企业的生产经营。如在我国,按规定生产低利或亏损产品、技术设备落后、供销条件不利的国有企业可享受企业亏损补贴。

（3）财政贴息：财政贴息是国家对企业的某些用于规定用途的银行贷款，就其支付的贷款利息提供的补贴。

（4）税式支出：税式支出是指国家财政对某些纳税人和课税对象给予的税收优惠，包括减税、免税、退税、税收抵免等。税收优惠从表现上看是减少国家的财政收入，但究其实质是国家给享受税收优惠纳税人的一种补贴，在功能和效果上都是在执行国家的支出计划，类似于国家的财政支出。

（5）进出口补贴：进口补贴是国家为体现产业政策，给予进口国家急需产品的进口商的一种补贴；出口补贴是国家为降低出口商品的成本和价格，提高商品在国际市场上的竞争力，给予出口商和出口商品生产者的补贴。

（二）财政补贴的作用

财政补贴具有双重作用：一方面，财政补贴是国家调节国民经济和社会生活的重要杠杆。运用财政补贴特别是价格补贴，能够保持市场销售价格的基本稳定，保证城乡居民的基本生活水平，有利于合理分配国民收入，有利于合理利用和开发资源。另一方面，补贴范围过广、项目过多也会扭曲比价关系，削弱价格作为经济杠杆的作用，妨碍正确核算成本和效益，掩盖企业的经营性亏损，不利于促使企业改善经营管理；如果补贴数额过大，超越国家财力所能，就会造成国家财政的沉重负担，影响经济建设规模，阻滞经济发展速度。

三、税式支出

（一）税式支出的含义和分类

税式支出是对基准税制的一种偏离方式，且这种偏离减少了政府收入或构成政府的支出。简单来说，它是指国家财政对某些纳税人和课税对象给予的税收优惠。

从税式支出所发挥的作用来看,可分为照顾性税式支出和刺激性税式支出。照顾性税式支出,主要是针对纳税人由于客观原因在生产经营上发生临时困难而无力纳税所采取的照顾性措施。例如,国有企业由于受到扭曲的价格等因素的干扰造成政策性亏损,或纳税人由于自然灾害造成暂时性的财务困难,政府除了用预算手段直接给予财政补贴外,还可以采取税式支出的办法,减少或免除这类纳税人的纳税义务。这类税式支出,目的在于扶植国家希望发展的亏损或微利企业以及外贸企业,以求国民经济各部门的发展保持基本平衡。但是,需要我们特别注意的是,在采取这种财政补贴性质的税式支出时,必须严格区分经营性亏损和政策性亏损,要尽可能地避免用税式支出的手段去支持因主观经营管理不善所造成的财务困难。刺激性税式支出,主要是指用来改善资源配置提高经济效率的特殊减免规定,主要目的在于正确引导产业结构、产品结构、进出口结构以及市场供求,促进纳税人开发新产品、新技术以及积极安排劳动就业等。这类税式支出是税收优惠政策的主要方面,税收调节经济的杠杆作用也主要表现于此,如我国对高新技术企业的税收优惠措施。

(二)税式支出的形式

1.税收豁免。这是指在一定期间内,对纳税人的某些所得项目或所得来源不予课税,或将其某些活动不列入课税范围等,以豁免其税收负担。至于豁免期和豁免税收项目,应视当时的经济环境和政策而定。例如,我国现行税制规定,对个人的国债利息免征个人所得税。

2.纳税扣除。这是指准许企业把一些合乎规定的特殊支出,以一定的比率或全部从应税所得中扣除,以减轻其税负,如我国现行税制中在计算企业所得税时对公益性捐赠的扣除规定。

3.税收抵免。这是指允许纳税人把某种合乎奖励规定的支出,以一定比率从其应纳税额中扣除,以减轻其税负。其主要形式有两种,即投资抵免和国外税收抵免。

(1)投资抵免:投资抵免因其性质类似于政府对私人投资的一种补

助,故亦称之为投资津贴。它是指政府规定凡对可折旧性资产投资者,其可在当年应付公司所得税税额中,扣除相当于新投资设备某一比率的税额,以减轻其税负,借以促进资本形成并增强经济增长的潜力。通常,投资抵免是鼓励投资以刺激经济复苏的短期税收措施。

(2)国外税收抵免:国外税收抵免常见于国际税收业务中,即纳税人在居住国汇总计算国外的收入所得税时,准予扣除其在国外的已纳税款。国外税收抵免与投资抵免的主要区别在于,前者是为了避免国际双重征税,使纳税人的税收负担公平;后者是为了刺激投资,促进国民经济的增长与发展,它恰恰是通过造成纳税人的税收负担不平等来实现的。

4.优惠税率。这是指对合乎规定的企业课以较一般企业更低的税率。这种方法,既可以是有期限的限制,也可以是长期优待。

5.延期纳税。这是指允许纳税人对那些合乎规定的税收,延期缴纳或分期缴纳其应负担的税额。延期纳税,等于使纳税人得到一笔无息贷款,能在一定程度上帮助纳税人解除财务上的困难。采取这种办法,政府的负担也较轻微,因为政府只是延后收税而已,充其量只是损失一点利息。

6.盈亏相抵。这是指准许企业以某一年度的盈余,弥补以前年度的亏损,以减少其以后年度的应纳税款;或是冲抵以前年度的盈余,申请退还以前年度已纳的部分税款。一般而言,盈亏相抵是有一定的时间限制的,如我国现行税制规定计算企业所得税时盈亏相抵的年限是5年。

7.加速折旧。这是指在固定资产使用年限的初期提列较多的折旧。采用这种折旧方法,可以在固定资产的使用年限内早一些得到折旧费和减免税的税款。加速折旧可在固定资产使用年限的初期提列较大的折旧,但由于折旧累计的总额不能超过固定资产的可折旧成本,所以,其总折旧额并不会比一般折旧高。折旧是企业的一项费用,折旧额越大,企业的应课税所得额越小,税负就越轻。从总数上看,加速折旧并不能减轻企业的税负,政府在税收上似乎也没损失什么。但是,由于企业后期所提的折旧额大大小于前期,故税负较重。对企业来说,虽然总税负未变,但税负前轻后重,有税收递延缴纳之利,亦同政府给予一笔无息贷款之效;对政府而言,在一定时期内,虽然来自这方面的总税收收入未变,但税收收入前少后多,有收入迟滞之弊,政府损失了一部分收入的"时间价值"。因此,这种方式同延期纳税方式一样,都是税式支出的特殊形式。

8.退税。这是指国家按规定对纳税人已纳税款的退还。退税的情况有很多,诸如多征、误征的税款,按规定提取的地方附加,按规定提取代征手续费等方面的退税,这些退税都属于"正规税制结构"范围。作为税式支出形式的退税是指优惠退税,是国家为鼓励纳税人从事或扩大某种经济活动而给予的税款退还,其包括两种形式:出口退税和再投资退税。出口退税是指为鼓励出口而给予纳税人的税款退还。一是退还进口税,即用进口原料或半制成品加工制成成品后,出口时退还其已纳的进口税;二是退还已纳的国内销售税、消费税、增值税等。再投资退税是指为鼓励投资者将分得的利润进行再投资,而退还纳税人再投资部分的已纳税款。

第三章 财政收入

　　政府提供公共产品的过程,实际上是政府耗费或运用社会物质财富的过程。财政支出反映的正是政府对于社会物质财富的支出和运用,显然,这种支出和运用要以政府占有一定的社会财力为前提,财政收入便是政府为提供公共产品而获取的可供其支配的财力。财政收入的规模、结构及其增长变化趋势,关系着一个国家经济的发展和社会的进步。财政收入分析是财政理论的重要组成部分,而进行财政收入分析的首要前提是对财政收入做出科学的分类。

第一节 财政收入分类

一、财政收入的含义

　　提供公共产品,满足社会公共需要,是财政活动的主要目的。而要实现这一目的,政府必须首先获得提供公共产品的财政资金。因此,财政收入是政府为满足社会公共需要,依据一定的权力原则,通过国家财政,从企事业单位和居民个人收入中集中的一定数量的货币或实物资产收入。它通常有两个含义:第一,财政收入是一定量的公共性质的货币资金,即通过一定筹资形式和渠道集中起来的由国家集中掌握使用的货币资金,是国家占有的以一定量的货币表现的社会产品价值,主要是剩余产品价值;第二,财政收入又是一个过程,即组织收入、筹集资金的过程,它是财政分配的第一阶段或基础环节。

政府取得财政收入主要凭借公共权力,包括政治管理权、公共资产所有或占有权、公共信用权等,其中政治管理权是核心,这是由政府所提供的公共产品的性质所决定的。公共产品收益的普遍性,使大部分这类产品的供给无法采用经营性方式进行,因而只能凭借政府的政治管理权对社会成员的收入征税,来补偿公共产品的成本。

二、财政收入分类的依据

财政收入分析可以从多个角度进行,如可以从财政收入的形式、来源、规模和结构等多角度进行分析。而诸种分析顺利进行的首要条件是,要对财政收入做科学的分类。财政收入分类的必要性源于财政收入的复杂性。如从财政作为以国家为主体的分配活动的角度来看,应将财政收入理解为一个分配过程,这一过程是财政分配活动的一个阶段或一个环节,在其中形成特定的财政分配关系。在商品经济条件下,财政收入是以货币来度量的,从这个意义上来理解,财政收入又是一定量的货币收入,即国家占有的以货币表现的一定量的社会产品的价值,主要是剩余产品价值。

财政收入的复杂性又使得财政收入的分类多种多样。各国财政学者都十分重视财政收入分类,并根据研究角度的不同和对实践分析的不同需要有各不相同的分类主张。如有的将财政收入分为直接收入、间接收入和预期收入三类,有的将财政收入分为经常收入和临时收入两类,还有的将财政收入分为强制性收入和自由收入、公经济收入和私经济收入等。可见,财政收入是一个复杂的体系,为便于对财政收入进行分析,人们通常按一定的标准对财政收入加以分类。但对财政收入进行的能够具有理论和实践价值的分类,似乎应合乎两个方面的要求:一是要与财政收入的性质相吻合。由于财政收入既是一个分配过程,又是一定量的货币收入,具有两重性质,所以,财政收入分类应体现这一特点;二是要同各国实际相适应。如我国是发展中的社会主义国家,经济中的所有制结构和部门结构与其他国家有较大的差别,财政收入构成自然也与其他国家不同,财政收入分类必须反映这一现实。按照上述分类的要求,我国财政收入分类应同时采用两个不同的标准:一是以财政收入的形式为标准,主要反映财政收入过程中不同的征集方式以及通过各种方式取得的收入在总收入中所占的比重;二是以财政收入的来源为标准,主要体现作为一定量的货币收入从何取得,并反映各种来源的经济性质及变化趋势。

三、财政收入的分类方式

(一)按财政收入形式分类

按财政收入形式分类,是指以财政收入的形式依据为标准进行分类。收入依据不同,财政收入的表现形式也不同。通常,把财政收入分为税收和其他收入两大类。这种分类的好处是突出了财政收入中的主体收入,即国家凭借政治权力占有的税收。税收收入的形成依据的是国家的政治管理权,它在财政收入中占据主导地位,它为一般的财政支出提供基本的资金来源,同时也是政府实施经济管理和调控的重要手段。其他形式的财政收入可以统称为非税收入,各有其特定的形式依据,反映不同的收入关系,在财政收入中所占份额相对较小。对其他财政收入还可以进一步划分为企业收入、债务收入以及其他收入等。我国的财政统计分析中经常采用的就是这种分类方法。不过,企业收入在1994年税制改革后,在财政收入统计中已经消失,而债务收入已不再列入经常收入,债务收支单独核算。按照这一分类方法,税收收入主要包括增值税、营业税、消费税、土地增值税、城市维护建设税、资源税、城市土地使用税、印花税、个人所得税、企业所得税、关税等。其他收入类包括排污费收入、城市水资源费收入、教育费附加收入等单项收入以及规费收入、事业收入和外事服务收入、国有资产管理收入、罚没收入等。其中,规费收入是指国家机关为居民或团体提供特殊服务或实施行政管理所收取的手续费和工本费,如工商企业登记费、商标注册费、公证费等。

按财政收入形式通常又可将财政收入分为经常性收入和非经常性收入(临时性收入)。经常性收入主要是指税收和各种收费,非经常性收入是指债务收入和其他收入。按财政收入形式进行分类,主要应用于分析财政收入规模的增长变化及其增长变化的趋势。

(二)按财政收入来源分类

经济作为财政的基础和财政收入的来源,对财政分配过程和财政收入本身具有决定作用。无论国家以何种方式参与国民收入分配,财政收入过程总是和该国的经济制度和经济运行密切相关。如果把财政收入视为一定量的货币收入,它总是来自国民收入的分配和再分配。

现实中,财政收入总体上来源于国民生产总值,而国民生产总值又是由全国不同的单位、部门、地区创造的。因此,按财政收入来源对财政收入进行分类,可以选择两个不同的标准,或者说包括两种不同的亚类:一是以财政收入来源中的所有制结构为标准,可以将财政收入分为国有经济收入、集体经济收入、股份制经济收入、中外合营经济收入、私营经济收入、外商投资和外商独资经济收入、个体经济收入等;二是以财政收入来源中的部门结构为标准,可以将财政收入分为工业部门收入、农业部门收入、商业部门收入、建筑部门收入和其他部门收入等,其中,工业部门收入又可以分为轻工业部门收入和重工业部门收入。当然,对财政收入也可以做这样两种划分:一是分为生产部门收入和流通部门收入;二是分为第一产业部门收入、第二产业部门收入和第三产业部门收入等。

按财政收入来源对财政收入进行分类,有利于研究财政与经济之间的制衡关系,把握经济活动及其结构对财政收入规模及构成的决定作用,明确财政收入政策对经济运行的影响,从而有利于选择财政收入的适当规模和结构,并建立经济决定财政、财政影响经济的和谐运行机制。

(三)按财政收入的管理方式分类

按财政收入的管理方式分类,实际上是从按财政收入形式分类中衍生出来的种分类方式。由于目前我国仍处于经济体制转轨时期,财政收入项目经常有所变动,财政统计也还不够规范,于是便有收费项目繁多、管理方式不统一的多种不同财政收入,并且这些繁多收费项目的种类经常变化。因此,为了对财政收入进行科学、准确的分析,需要将这些名称不同的财政收入按管理方式的不同进行分类。

按财政收入管理方式的不同,可以将财政收入分为预算内财政收入和预算外财政收入。预算内财政收入是指统一纳入国家预算、按国家预算立法程序实行规范管理、由各级政府统一安排使用的财政收入。目前,我国预算内财政收入项目包括各项税收、专项收入(如排污费、教育费附加收入)、其他收入(如基本建设收入、捐赠收入)、国有企业亏损补贴。预算外财政收入是指各级政府依据具有法律效力的法规,采取收费形式而形成的专项资金或专项基金。专项资金和专项基金的共同特征在于:一是在使用上由收费各部门安排使用;二是在统计上未纳入财政收入统计。不同的是,专项资金专项统计,并实行"收支两条线"管理;中央政府性基金收入已纳入预算管理,其数额在预算报告中专门列明。需要指出的是,预算外收入的内容和范围在各国并不完全相同,如美国的预算外收入是指按法律规定不包括在政府预算总额中的财政收入,如社会保障信托资金、邮政服务收入等。

此外,在人们分析财政收入时,还经常提到"制度外收入"。制度外收入是与预算外收入相对而言的,如果将预算外收入视为制度内收入,那么制度外收入就是预算之外的乱收费、乱罚款、乱摊派。制度外收入目前没有政府公布的统计数字,我国政府正在加强对制度外收入的清理整顿。

第二节　财政收入规模

财政收入规模与财政支出规模密切相关,在变化趋势上具有明显的一致性,但二者所说明的问题却不相同。如果说财政支出是直接说明政府活动规模的,那么财政收入则主要反映企业和居民家庭对政府活动经费的负担水平。

一、财政收入规模的含义与衡量指标

财政收入规模是指一国政府在一个财政年度内所拥有的财政收入总水平。财政收入规模的大小可以从静态和动态两个角度来进行分析,并分别采用两个不同的指标来描述:一是可以从静态的角度用年度财政收入的总量(年财政收入额)来描述,这是一个绝对数指标;二是可以从动态的角度用财政收入占国民生产总值的比重[(一定时期内财政收入总额/同期国民生产总值)×100%]来描述,这是一个相对数指标。

绝对数指标表现了一国政府在一定时期内的具体财力有多大,因而这一指标适用于财政收入计划指标的确定、完成情况的考核及财政收入规模变化的纵向比较;相对数指标则主要反映一国政府参与国民生产总值分配的程度(财政的集中程度)有多高,因而具有重要的分析意义,其分子根据反应对象和分析目的的不同可以运用不同口径的指标,如中央政府财政收入、各级政府财政总收入,同样分母也可以用不同口径的指标,如国民生产总值、国民收入等。

二、影响财政收入规模的因素

从历史上看,保证财政收入持续、稳定、适度地增长,始终是世界各国政府的主要财政目标,而在财政赤字笼罩世界的现代社会,谋求财政收入增长更为各国政府所重视。但是,财政收入规模多大,财政收入增长速度多快,不是或不仅仅是以政府的意愿为转移的,它会受到各种政治经济等因素的制约和影响,这些因素包括经济发展水平、生产技术水平、价格及收入分配体制等,其中最主要的是经济发展水平和生产技术水平。

(一)经济发展水平和生产技术水平对财政收入规模的影响

经济发展水平反映一个国家的社会产品的丰富程度和经济效益的高低。一般而言,经济发展水平高,社会产品丰富,国民生产总值就多,则该国的财政收入总额较大,占国民生产总值的比重也较高。当然,一个国家的财政收入规模还受其他各种主客观因素的影响,但有一点是可以肯定的,就是经济发展水平对财政收入的影响表现为基础性的制约,二者之间存在源与流、根与叶的关系,源远则流长,根深则叶茂。

从世界各国的现实状况考察,发达国家的财政收入规模大都高于发展中国家,而在发展中国家中,中等收入国家的财政收入规模又大都高于低收入国家,绝对额是如此,相对数亦是如此。这可以证明财政的一个基本原理:经济决定财政,经济不发达则财源不丰裕。

经济发展水平对财政收入规模的制约关系,可以运用回归分析的方法做定量分析。回归分析是考察经济活动中两组或多组经济数据之间存在的相关关系的数学方法,其核心是找出数据之间的相关关系的具体形式,得出历史数据,借以总结经验,预测未来。

这里需要说明的是,尽管回归分析是一种科学的定量分析方法,但其应用也是有条件的,当有关经济变量受各种非正常因素影响较大时,应用回归分析就不一定能得出正确的结论。为了解决此类问题,在进行回归分析之前往往需要做一些数据处理,通常在数据中剔除非正常的和不可比的因素。

由于一定的经济发展水平总是与一定的生产技术水平相适应,较高的经济发展水平往往是以较高的生产技术水平为支撑的,生产技术水平内含于经济发展水平之中,因此,生产技术水平也是影响财政收入规模的重要因素。对生产技术水平制约财政收入规模的分析,事实上是对经济发展水平制约财政收入规模研究的深化。

简单地说,生产技术水平是指生产中采用先进技术的程度,又可称之为技术进步。技术进步对财政收入规模的制约可从两个方面来分析:一是技术进步往往以生产速度加快、生产质量提高为结果。技术进步速度较快,GDP的增长也较快,财政收入的增长就有了充分的财源;二是技术进步必然带来物耗比例降低,经济效益提高,产品附加值所占的比例扩大。由于财政收入主要来自产品附加值,所以技术进步对财政收入的影响更为直接和明显。

据有关经济学家测算,在20世纪初,一些发达国家经济增长的各种因素中,技术进步所占比重为5.20%,到20世纪中叶上升到40%,70年代进一步上升到60%以上,其中,美国、日本等发达国家已达80%左右。我国作为一个发展中国家,生产技术水平与发达国家相比还有一定的差距,如对1979—1987年国民收入增长因素进行测算,技术进步对国民收入增长的贡献率仅为15%左右。但是,从技术进步发展过程来看,其作用仍是不断扩大的,如1957—1965年,我国国有工业企业技术进步对产值增长的贡献率为20.7%,而1976—1982年,这一比例已达到或超过40%。而且,随着我国改革开放的不断深入,技术进步的速度正以前所未有的态势在加快,其对我国经济增长的贡献也日益突出,并且技术进步带来的经济效益的大幅度提高,直接会对我国财政收入规模产生积极的影响。由此可见,促进技术进步,提高经济效益,是增加财政收入的首要的有效途径,在我国更是如此。

(二)分配政策和分配体制对财政收入规模的影响

制约财政收入规模的另一个重要因素是政府的分配政策和分配体制。经济决定财政,财政收入规模的大小,归根结底受生产发展水平的制约,这是财政学的一个基本观点。经济发展水平是分配的客观条件,而在客观条件既定的情况下,还存在通过分配进行调节的可能性。因此,在不同的国家(即使经济发展水平是相同的)和一个国家的不同时期,财政收入规模也是不同的。

改革开放后至20世纪90年代中期,我国财政收入占GDP的比重曾出现逐年下滑的趋势,直接导因是经济转轨过程中GDP分配格局的急剧变化。据有关部门统计,从最终收入分配格局分析,政府收入在GDP总额中所占比重1978年为31.3%,到1994年下降为12.0%,1995年仅为10.7%,与此同时,企业和居民家庭收入所占比重则有了相应提高。GDP分配格局变化的显著特征是向居民个人倾斜。改革开放初期,这种倾斜带有补偿性质,原因在于过去在计划经济体制下,分配模式是"先扣除,后分配",实行低工资、低收入制度。当时,财政收入占GDP的比重最高年份曾高达47%(1960年)。从1979年起,我国开始对分配政策进行调整,当年采取了三大措施,即大幅度提高农副产品收购价格、提高职工工资水平、对企业减税让利。这三大措施的实施对财政收入产生了巨大影响,1979年、1980年两年财政收入平均只增长1.2%,财政收入占GDP的比重急剧下降。此后,随着改革开放的不断深入,我国继续实行了一系列的减税让利措施,这使得财政收入占GDP的比重继续下降。

　　GDP分配格局变化的原因是复杂的,是国民经济运行中各种因素综合作用的结果。首先,它是经济体制转轨的必然结果。分配体制和分配模式是由经济体制决定的,过去在计划经济体制下的统收统支体制,显然是和市场经济体制不相称的,经济体制转换带来分配体制的转换是必然的。实际上,我国经济体制改革是以分配体制改革为突破口的。实践证明,分配体制改革促进了经济体制改革,促进了经济的快速增长。其次,GDP分配向个人倾斜,财政收入比重下降,与分配制度不健全以及分配秩序混乱有直接的关系。我国政府的分配制度和分配政策是明确的,即以按劳分配为主,多种分配形式并存;效率优先,兼顾公平;保护合法收入,取缔非法收入,调节过高收入。但在改革过程中,对这个政策的贯彻并不是十分有力。居民的收入可以分成两个部分:第一部分,制度内收入或称正常收入,主要是工资、奖金、经营收入和财产收入;第二部分,制度外收入或称非正常收入,即所谓灰色收入或黑色收入,这部分收入的特征是透明度差,其收入的来源渠道、所采用的收入形式、在个人收入中所占比重大小等并不明确,这使得这些收入带有很大的隐蔽性,而制度外收入的急剧增长,又是造成居民收入差距急剧扩大并形成收入分配不公的重要原因。

　　由以上分析可以看出,在经济体制改革中调整分配政策和分配体制是必要的,但必须有缜密的整体设计,并要考虑国家财政的承受能力。因此,在提高经济效益的基础上,整顿分配秩序,调整分配格局,适当提高财政收入占国民收入的比重,是不断深化经济体制改革的重要课题。

(三)价格对财政收入规模的影响

财政收入是一定量的货币收入,它是在一定的价格体系下形成的,并且是在一定时点按现价计算的。因此,由于价格变动引起的GDP再分配,必然影响财政收入的增减。

价格变动对财政收入的影响,首先表现在价格总水平升降的影响上。在市场经济条件下,价格总水平一般呈上升趋势,一定范围内的上涨是正常现象,持续地、大幅度地上涨就是通货膨胀;反之,价格持续地下降就会形成通货紧缩。当财政收入随着价格水平的上升而同比例地增长时,财政收入就会表现为"虚增",即财政收入名义增长,而实际并无增长。在实际经济生活中,价格分配对财政收入的影响可能出现各种不同的情况。物价上升对财政收入影响的几种不同情况为:第一,当财政收入增长率高于物价上涨率时,名义财政收入增长,实际财政收入也增长;第二,当物价上涨率高于财政收入增长率时,名义财政收入为正增长,而实际财政收入为负增长;第三,当财政收入增长率与物价上涨率大体一致时,只有名义财政收入增长,而实际财政收入不增不减。

在实际经济生活中,价格分配对财政收入增减的影响,主要取决于两个因素:一是引发物价总水平变动的原因;二是现行的财政收入制度。

一般来说,连年的财政赤字通常是通货膨胀的重要原因。当为了弥补财政赤字而造成流通中过多的货币投放时,财政就会通过财政赤字从GDP再分配中分得更大的份额;在GDP因物价上升形成名义增长而无实际增长的情况下,财政收入的增长就是通过价格再分配体制实现的。因此,财政收入的增量通常可分为两部分:一部分是GDP正常增量的分配所得;另一部分是价格再分配所得。后者即为通常所说的"通货膨胀税"。

决定价格分配对财政收入影响的另一个因素是现行财政收入制度。如果一个国家实行的是以累进所得税为主体的税制,纳税人适用的税率会随着名义收入增长而提高,即出现所谓"档次爬升"效应,从而使财政在价格再分配中所得的份额有所增加。如果实行的是以比例税率为主的流转税为主体的税制,这就意味着税收收入的增长率等同于物价上涨率,财政收入只有名义增长,而不会有实际增长。如果实行的是定额税率为主体的税制,在这种税制下,税收收入的增长总要低于物价上涨率,所以财政收入即使有名义增长,而实际必然是下降的。

另外,价格变动的情况不同,造成价格变动的原因不同,对财政收入规模的影响也不相同。在一定的财政收入制度下,当商品的比价关系向有利于高税商品(或行业)变动时,即高税商品价格涨幅大于低税商品价格涨幅时,财政收入会有更快的增长,即财政收入的规模将会变大;反之,当商品的比价关系向有利于低税商品(或行业)变动时,即低税商品价格涨幅大于高税商品价格涨幅时,财政收入的规模将会变小。

在市场经济条件下,市场价格总是随市场供求关系而上下浮动,并主要是在买卖双方之间发生再分配,而价格的上下浮动一定会进一步影响到财政收入的增减。既然价格是影响财政收入状况的重要因素,那么,国家在有计划地进行价格体制改革和价格宏观调控的过程中,就必须考虑到财政的承受能力。这也就是说,财政的状况也会反过来影响价格体制改革,并成为影响价格体制改革的重要因素。

三、我国财政收入现状分析

我国财政收入随着经济的不断增长而增长,1978 年为 1132.26 亿元,2010 年为 83100.00 亿元,增长了近 72.4 倍。就财政收入绝对额而言,增长速度不算慢,但相对于 GDP 的增长而言,在 1997 年以前,曾表现为不断下降的趋势,之后才开始相对缓慢地提升,2006 年和 2007 年有了相对较快的增长。

四、财政收入结构

对财政收入结构进行分析,可以根据研究角度的不同和对实践分析的不同需要从多个角度进行。目前,各国学者主要从财政收入分项目构成、财政收入所有制构成、财政收入部门构成等方面对财政收入结构进行分析。

（一）财政收入分项目构成

分析财政收入分项目构成,是指按财政收入形式分析财政收入的结构及其变化的趋势。这种结构的变化,是我国财政收入制度变化的反映。

在过去的计划经济体制下,财政收入对国有企业主要采取上缴利润和税收两种形式。由于实行统收统支体制,区分上缴利润和税收并没有实质性的意义,而且长期存在简化税制、"以利代税"的倾向,所以直到改革开放前夕,以上缴利润为主的企业收入项目仍占财政收入的50%以上。改革开放后,随着经济体制改革的逐步深化,税收才逐步取代上缴利润,至今已占主导地位。1993年的第一步"利改税"迈出了重要的一步,就是对国有企业开征企业所得税。1994年的第二步"利改税"又将原先已经简并的工商税重新划分为产品税、增值税、营业税和盐税,同时开征或恢复了资源税等其他一些税种,这就大大增强了税收的财政收入作用和经济调节作用。为了适度集中财力,我国于1983年开始征集能源交通重点建设基金,1986年又开始征集教育费附加,1989年开始征集预算调节基金,随后又对国有企业进行改制,并在较长一段时间内实行企业包干制。企业包干实际上就是将已经开征的国有企业所得税包干上缴,而且不是按固定比例上缴,是按包干合同分别核定每个企业上缴的金额或比例,实际上已经失去了税收的性质。但为了维护"利改税"已经取得的成果,在财政核算上仍将包干收入计入税收项下,这样在形式上维持了税收在财政收入中的主导地位。1994年对工商税实行全面改革,同时停止了能源交通重点建设基金和预算调节基金的征集,从此才最终奠定了税收在财政收入中的主导地位。1996年各项税收占财政收入的93.3%,各项税收中工商税收占76.3%,工商税收中增值税、消费税、营业税三税共占88%,企业收入从1994年开始从财政收入项目中消失

（二）财政收入所有制构成

财政收入所有制构成是指来自不同经济成分的财政收入所占的比

重。这种结构分析的意义,在于说明国民经济所有制构成对财政收入规模和结构的影响及其变化趋势,从而采取相应的增加财政收入的有效措施。研究财政收入的所有制结构是国家制定财政政策、制度,正确处理国家同各种所有制经济之间财政关系的依据。

财政收入按经济成分分类,包括来自国有经济成分的收入和来自非国有经济成分的收入两个方面。对财政收入做进一步细分,则有来自全民所有制经济的收入、来自集体所有制经济的收入、来自私营经济的收入、来自个体经济的收入、来自外资企业的收入、来自中外合资经营企业的收入和来自股份制企业的收入。我国经济以公有制为主体,国有经济居支配地位,同时允许并鼓励发展城乡个体经济、私营经济、中外合资经营企业和外商独资企业。

新中国成立初期,个体经济和私营经济在国民经济中占有相当的比重,来自二者的财政收入占40%以上。但随着社会主义改造的进行,国有经济和集体经济的比重急剧增加,到"一五"时期,来自国有经济的财政收入已达69.4%,来自集体经济的财政收入也有9.8%,个体经济和私营经济则退居次要地位。之后,我国财政收入来自全民所有制的国有经济的部分逐步增加,国有经济上缴的收入占整个财政收入的绝大部分。如改革开放前的1978年,国有企业上缴的收入占全部财政收入的87%,直到1995年仍占71.7%。

改革开放后,随着城乡集体经济、个体经济、私营经济的发展以及三资企业的增加和财税管理制度的进一步完善,来自这些经济成分的财政收入相应增加。国有经济上缴的收入占整个财政收入的比重也随之发生了一些变化,但国有经济作为财政收入支柱的地位基本不会改变。

(三)财政收入部门结构

进行财政收入部门结构分析,在于说明各生产流通部门在提供财政收入中的贡献及其贡献程度。以我国1995年为例,我国工业部门对当年财政收入的贡献最大。当然这里的部门有双重含义:一是按传统意义上的部门分类,分为工业、农业、建筑业、交通运输业及服务业等;二是按现代意义上的产业分类,分为第一产业、第二产业和第三产业。这两种分类的依据虽然不一样,但对财政收入部门结构分析的意义却是一致的。

由于各个国家的产业结构总是处在不断地调整和变化中,因此,在行业间存在平均利润率作用的情况下,财政收入的部门结构分析可以通过不同部门提供的收入在全部财政收入中的比重来反映不同产业部门在国民经济中的地位,提供财政收入比重较高的部门通常在国民经济中处于较重要的地位,反之则地位较弱。这种结构状态如果与各产业在国民经济结构中的实际地位相一致,又与政府产业政策的取向基本一致,则可以维持目前政府与各部门之间的分配关系;而如果这种结构与各产业在国民经济中的实际地位不一致,则反映了财政现行分配政策上的偏向性。如果要追求收入分配的中性政策,则应对现行分配政策进行调整。

第四章 商品课税

我国现行税制中主要有流转课税、所得课税、资源课税、财产课税和行为课税五大类税种。其中,流转课税(又称商品课税),是指以商品交换和提供劳务为前提,以商品流转额和非商品流转额为课税对象的税种。我国现行税制中属于流转税的税种主要有增值税、消费税、营业税和关税。

第一节 商品税的含义和一般特征

一、商品税的含义

商品税是指对商品的流转额和非商品营业额(提供个人和企业消费的商品和劳务)课征的各税种的总称,在国际上也通称为"商品和劳务税",它与财产税和所得税共同构成当代税收的三大体系,是各国取得财政收入的主要手段。

商品税的计税依据是商品的流转额,因而商品税也被称为"流转税",主要包括增值税消费税、营业税和关税四个税种。[①]商品税的各税种之间联系密切,各税种覆盖了商品的生产、交换、分配和消费等环节,这使得只要发生市场交易行为就要课征商品税,因而有力地保证了国家获得大量稳定的税收收入。我国在20世纪50年代开征商品税,经过1989年和1994年两次税制改革,商品税的主体税种地位得到了加强。

①池其山. 消费税计税依据的税收筹划[J]. 财会学习,2016(18):2.

二、商品税的一般特征

商品税同其他税类相比,具有以下几方面的特性。

1.课税对象是商品和劳务。商品税是对物税,其课税对象是商品和劳务,而不是所得和财产,这是商品税与所得税和财产税的重要区别。

2.以流转额为计税依据。商品税的计税依据是商品的流转额,即商品流通、转让的价值额度。这里的流转额既可能是流转总额(如销售额、营业额等),也可能是流转的增值额,由此也就形成了商品税的各个税种之间的主要差别。

3.存在重复课税。一般来说,商品课税存在多环节课征问题,即每一商品最终到消费者手中要经过多道环节,而每经过一个流通环节就要纳税。因此,许多商品税税种(增值税从原理上说可以解决重复征税问题)会存在重复课税。

4.税负容易转嫁。由于商品课税是在商品流通中进行的,是典型的间接税。只要商品能够销售、流转,则税负即可转嫁,故纳税人会很容易通过提高商品价格或压低购进价格,将税负转嫁给购买者或供应商。

第二节 增值税

一、增值税的概念与特点

(一)增值税的概念

增值税是对商品生产与流通中或者提供劳务过程中实现的增值额征收的一种税,它在20世纪50年代由法国财政部官员法里斯·劳拉首先提出并率先在该国实行,后被世界许多国家普遍采用。

增值税是以增值额为课税对象的一种流转税。就计税原理而言,增值税是对商品生产和流通过程中各环节的新增加值或商品附加值进行的征税,所以称之为"增值税"。这里的增值额是指纳税人在一定时期内所取得的商品销售(或提供劳务)收入额大于购进商品(或取得劳务)所支付金额的差额。

从马克思的劳动价值理论上看,增值额相当于商品价值 W(W=C+V+M)扣除在商品生产过程中所消耗的生产资料转移价值(C)的余额,即由劳动者在生产经营过程中新创造的价值(V+M),这部分由劳动者所创造的新价值被称为增值额。

我们从一个生产经营单位来看,增值额是指该单位商品销售收入额或营业收入额扣除生产该商品所消耗的外购原材料、辅助材料等价款后的余额,也就是商品生产经营中的进销差。

(二)增值税的特点

1.增值税的基本特点。增值税是社会化大生产发展到一定阶段的产物,是对传统以销售收入全额为课税对象的商品税制度的改革,更适应经济日益社会化、专业化和国际化的要求。增值税在吸收传统商品税的优点的同时,也呈现出如下特点。

(1)按增值额征税,避免重复征税:增值税是一个多环节连续课征的税种,因其仅就商品销售额中的增值部分征税,避免了征收的重叠性。这是增值税最本质的特点,也是增值税区别于其他流转税的一个最显著的特征。这说明增值税的征收,对任何缴纳增值税的人来说,只就本纳税人在生产经营过程中新创造的价值征税,对以前环节已征过税的部分不再征税,即只就本环节生产经营者没有纳过税的新增的价值征税,从而有效地解决了重复征税问题。

(2)具有征收的广泛性:从计税原理上说,增值税是对商品生产、流通和劳务服务中多个环节的新增价值或商品的附加值征收的一种流转税。从征收面看,增值税具有征收的广泛性。凡是纳入增值税征收范围的,只要经营收入具有增值额就要征税。因此,增值税的课税范围涉及商品生产流通的各个领域。所有从事货物销售和提供应税劳务的生产经营者,都必须缴纳增值税,从而使它成为对生产经营实行普遍调节的一个中心税种,有利于保证财政收入的稳定、可靠。这已经被实行增值税的国家(如欧盟各国)所证明。

(3)具有税收中性:税收中性是指政府课税并不对纳税人正常的经济决策产生干扰,从而不至于使纳税人在支付税款之外,还要因纳税而不得不改变自己正常的生产、投资或消费等经济行为而蒙受损失。因为增值税是对商品的增值部分征税,所以避免了重复征税。就同一商品来说,它的总体税负是由各个经营环节的税负累积相加而成的。如果使用相同税率的商品最终售价相同,其总税负就必然相同,而与其经过多少个流转环节无关。而在现实中,很多国家对绝大多数商品与劳务按一个统一的基本税率征税,这就使增值税对经济活动的干扰减弱,对资源配置不会产生扭曲性影响,也使得增值税有利于企业结构优化,有利于建立公平税负、平等竞争的市场经济机制。

2.我国增值税的特点。我国增值税是对在中华人民共和国境内销售货物或者提供加工、修理修配劳务以及进口货物的单位和个人,就其取得的货物或应税劳务的销售额以及进口货物的金额计算税款,并实行税款抵扣制的一种流转税。我国在1994年的税制改革中,对原有增值税制度进行了各方面的修改,形成了中国特色的增值税制度,其主要的特点表现在以下几个方面。

(1)价外计税:价外计税是指以不含增值税税额的价格为计税依据,即在销售商品时,增值税专用发票上要分别注明增值税税款和不含增值税的价格,以消除增值税对成本、利润和价格的影响。

(2)专用发票抵扣法:我国增值税实行凭发票注明税款进行抵扣的制度,即企业对外销售应税货物或劳务时,必须向购买方开具增值税专用发票,并在开出的专用发票上注明价款和税款,购买方可据销售时增值税专用发票上记载的销项税款与购买时所付进项税款核定企业当期应纳的增值税。增值税专用发票避免了重复征税现象,明确了购销双方之间的纳税利益关系。

(3)对于不同的纳税人实行不同的税款计征和管理办法:由于我国增值税实行专用发票抵扣制,因此要求纳税人会计制度健全。但是,鉴于我国中小企业多,会计核算水平参差不齐,《中华人民共和国增值税暂行条例》(以下简称《增值税暂行条例》)将纳税人按经营规模大小及会计核算健全与否分为一般纳税人和小规模纳税人两种,对一般纳税人采用购进扣税法征税,对小规模纳税人采用简易征税办法征税。

(4)实行生产型增值税:目前,我国仍实行生产型增值税,即只对企业外购的原材料、燃料、包装物和低值易耗品等的进项税款准予抵扣,对外购固定资产所含税金不允许抵扣。2004年1月1日,我国对东北地区包括装备制造业、汽车制造业等在内的8个行业实行由生产型增值税向消费型增值税转型的试点,2007年又在中部部分省市进行转型试点。2009年1月1日全国所有地区、所有行业全面实施增值税转型改革,实行消费型增值税。

二、增值税的类型

各国的政治经济状况不同,作为征税对象的增值税在计税依据的确定上与理论增值额上有一定的差别。从各国的实践来看,作为计税依据的增值额是指法定增值额。所谓法定增值额,就是各国政府税法中所规定的据以计算增值税应纳税额的增值额。这种增值额可以大于或小于理论上的增值额。一般情况下,实行增值税的国家在计算法定增值额时,对外购原材料、辅助材料等流动资产的已纳税额都允许抵扣,但是在计算应纳税额时,对于外购的固定资产已纳税额的抵扣,各国的规定则不尽相同,增值税也因此而分为三种不同的类型。

(一)消费型增值税

消费型增值税在计算增值额时,在对外购原材料、辅助材料等流动资产税额都允许抵扣的同时,允许将当期购入的全部固定资产已纳税金一次性全部扣除。对企业来说,用于生产的全部外购生产资料均不在课税范围之内;对于整个社会而言,实际上相当于只对消费资料征税,对生产资料不征税,所以称之为消费型增值税。消费型增值税最能体现按增值额征税的计税原理,有利于鼓励投资,加速设备更新。西方国家多采用这种类型的增值税。我国已从2009年1月1日起实行消费型增值税。

(二)收入型增值税

收入型增值税在计算增值额时,在对外购原材料、辅助材料等流动资产税额都允许抵扣的同时,只允许将当期固定资产折旧从销售额中予以扣除。也就是说,法定增值额大体相当于纳税人当期工资、利润利息、租金等项目之和。就整个社会而言,其增值部分实际相当于国民收入,所以称之为收入型增值税。

从理论上说,收入型增值税的法定增值额与理论增值额一致,属于一种标准的增值税。但由于固定资产价值的损耗与转移是分批分期进行的,而在转移过程中没有任何凭证,凭发票扣税法在实际操作中很难实现,所以,采用收入型增值税的国家较少,只有阿根廷、摩洛哥和部分原实行计划经济的中东欧国家采用。

(三)生产型增值税

生产型增值税对企业外购的原材料、燃料、包装物和低值易耗品等的进项税款都准予抵扣,对固定资产的税金不予抵扣。从国民经济整体而言,其增值部分实际相当于国民生产总值,故称之为生产型增值税。这种增值税存在明显的重复征税现象,不利于鼓励投资,所以,目前只有印度尼西亚等国采用。

三、增值税的征收制度

(一)增值税的征税范围和纳税人

1.征税范围。根据 2009 年 1 月 1 日国务院颁布的《中华人民共和国增值税暂行条例》的规定,在我国境内销售、进口货物或者提供加工、修理、修配劳务以及应税服务的单位和个人,为增值税纳税人。按照经营规模的大小和会计核算健全与否等标准,增值税纳税人可分为一般纳税人和小规模纳税人。

2.纳税义务人。《增值税暂行条例》规定,凡在中华人民共和国境内销售货物或者提供加工、修理修配劳务以及进口货物的单位和个人,为增值税的纳税义务人。这里的"单位"为包括国有企业、集体企业、私人企业、股份制企业、外商投资企业、外国企业在内的企业性单位和行政单位、事业单位、军事单位社会团体等非企业性单位。个人是指个体经营者和其他个人。

3.扣缴义务人。境外的单位或个人在境内销售应税劳务而在境内未设有经营机构的,其应纳税款以代理人为扣缴义务人;没有代理人的,以购买者为扣缴义务人。

(二)增值税的征税对象

1.一般规定。

(1)销售或进口货物:销售货物是指在生产、批发、零售环节有偿转让货物的所有权。"有偿"不仅指从购买方取得货币,还包括取得货物或其他经济利益。"进口"是指从我国境外移送货物至我国境内。现行增值税法规定,凡经报海关进入我国国境或关境的货物,都属于增值税的征收范围(免税的除外)。而"货物"则是指有形动产,包括热力、电力和气体在内,但是不包括土地、房屋和其他建筑物。

(2)提供加工、修理修配劳务:"加工"是指受托加工货物,即委托方提供原料、主要材料,受托方按照委托方的要求制造货物并收取加工费的业务;"修理修配",是指受托对损伤和丧失功能的货物进行修复,使其恢复原状和功能的业务。但单位或个体经营者聘用的员工为本单位或雇主提供的劳务,不属于增值税征收范围。

(3)提供应税服务:自2014年6月1日起,"应税服务"是指交通运输业服务、邮政业服务、电信业服务和部分现代服务业服务。包括:第一,交通运输业服务是指使用运输工具将货物或者旅客送达目的地,使其空间位置得到转移的业务活动,包括铁路运输服务、陆路运输服务、水路运输服务、航空运输服务和管道运输服务;第二,邮政业服务是指中国邮政集团公司及其所属邮政企业提供邮件寄递、邮政汇兑、机要通信和邮政代理等邮政基本服务的业务活动,包括邮政普通服务、邮政特殊服务和其他邮政服务(不包括邮政储蓄业务);第三,电信业服务是指利用有线、无线的电磁系统或者光电系统等各种通信网络资源,提供语音通话服务,传送、发射、接收或者应用图像、短信等电子数据和信息的业务活动,包括基础电信服务和增值电信服务;第四,部分现代服务业服务是指围绕制造业、文化产业、现代物流产业等提供技术性、知识性服务的业务活动,包括研发和技术服务、信息技术服务、文化创意服务、物流辅助服务、有形动产租赁服务、鉴证咨询服务、广播影视服务。

2.特殊规定。除了以上的一般规定之外,增值税的征收范围还包括特殊的货物和特殊行为。其中,特殊货物包括货物期货(包括商品期货和贵金属期货)、银行销售的金银、典当业销售的死当物品、寄售业代委托人销售的寄售物品、集邮商品(如邮票、首日封等)、邮政部门发行的报刊以及电力公司向发电企业收取的过网费等。特殊行为包括以下几种。

(1)视同销售行为:现行税法规定,以下行为虽然未取得销售收入,但是视同销售货物征收增值税。包括:第一,将货物交付给他人代销;第二,销售代销货物;第三,设有两个以上机构并实行统一核算的纳税人,将货物从一个机构移送其他机构用于销售,但相关机构设在同一县(市)的除外;第四,将自产或委托加工的货物用于非应税项目;第五,将自产、委托加工的货物用于集体福利或个人消费;第六,将自产、委托加工或购买的货物分配给股东或投资者;第七,将自产、委托加工或购买的货物作为投资,提供给其他单位或个体经营者;第八,将自产、委托加工或购买的货物无偿赠送他人;第九,单位和个体工商户向其他单位或者个人无偿提供服务,但以公益活动为目的或者以社会公众为对象的除外;第十,单位或个人向其他单位或者个人无偿转让无形资产或不动产,但用于公益事业或以社会公众为对象的除外。第十一,财政部、国家税务总局规定的其他情形。

(2)混合销售行为:混合销售行为是指一项销售行为既涉及货物,又涉及非应税劳务(此处指属于应缴营业税的劳务),两者之间有紧密相连的从属关系。如销售家电产品并提供有偿送货服务,就是混合销售行为。

我国税法规定,从事以货物生产、批发或零售为主的企业、企业性单位及个体经营者的混合销售行为,视为销售货物,属增值税征税范围;其他单位和个人的混合销售行为,视为销售非应税劳务,不属增值税征税范围。其中,从事以货物生产、批发或零售为主并兼营非应税劳务是指在纳税人年货物销售额与非应税劳务营业额的合计数中,年货物销售额超过50%,非应税劳务营业额不到50%。纳税人的销售行为是否属于混合销售行为,由国家税务总局所属征税机关确定。

(3)兼营非应税劳务:兼营非应税劳务是指增值税纳税人在从事增值税应税货物销售或提供应税劳务的同时,也从事非应税劳务(营业税规定的各项劳务),但是两者之间无直接的联系和从属关系。我国税法规定,纳税人兼营非应税劳务的,如果分别核算或准确核算货物或应税劳务和非应税劳务的销售额,按各自适用的税率征税;如果不分别核算或不能准确核算货物或应税劳务和非应税劳务的销售额,其非应税劳务应与货物或应税劳务一并征收增值税。纳税人兼营的非应税劳务是否应当一并征收增值税,由国家税务总局所属征收机关确定。

(4)混业销售:混业销售是指纳税人兼有增值税不同税率或不同征收率的应税项目,即纳税人从事增值税不同税率、征收率的经营活动。混业销售的税务处理要求分别核算不同税率或征收率的销售额,未分别核算销售额的一律从高从重计税。

(三)增值税税率

我国增值税税率设计是以价外税为基础,遵循中性和简便原则,考虑到大多数纳税人的承受能力等诸多因素确定的。目前,我国对一般纳税人采取两档增值税税率即基本税率和低一档税率的模式,对小规模纳税人适用的税率称为征收率。

1.销售或进口货物税率。纳税人销售或进口货物,一般实行基本税率13%。

2.销售或进口下列货物税率。纳税人销售或进口下列货物,税率为9%。包括:第一,粮食、食用植物油(现规定为各类农产品,包括粮食、蔬菜、烟叶、茶叶、园艺植物、药用植物、油料植物、纤维植物、糖料植物、林业产品、其他植物、水产品、畜牧产品、动物皮张、动物毛绒和其他动物组织等);第二,自来水、暖气、冷气、热水、煤气、石油液化气、天然气、沼气、居民用煤炭制品;第三,图书、报纸、杂志(音像制品和电子出版物的适用税率也为9%;邮政部门发行报刊征收营业税,不征收增值税);第四,饲料、化肥、农药、农机、农膜(现规定,种子、种苗、农用塑料薄膜和国家规定范围内的农业机械、化肥、农药、饲料免税);第五,国务院规定的其他货物(现已规定的有:金属矿、非金属矿采选产品、煤炭、工业盐和食用盐等)。

3.出口货物税率。纳税人出口货物,税率为零,但是国务院另有规定的除外(国务院另有规定的是指国家禁止出口和限制出口的部分货物,如矿砂及精矿、钢铁初级产品、原油、车用汽油、煤炭、焦炭、原木、尿素产品、山羊绒、鳗鱼苗、某些援外货物等)。

4.提供加工、修理修配税率。纳税人提供加工、修理修配劳务(简称应税劳务),税率为13%。其税率的调整由国务院决定。

5.应税劳务。纳税人兼营不同税率的货物或者应税劳务,应当分别核算不同税率货物或者应税劳务的销售额。未分别核算销售额的,从高适用税率。

6.税率调整。自2009年1月1日起,小规模纳税人增值税增收率由过去的6%和4%一律调整为3%,不再设置工业和商业两档税率。对于寄售商店销售的寄售物品、典当业销售的死当物品,不论销售单位是否为一般纳税人,均实行简易征收办法,按4%征收增值税。

7.自来水税率。对属于一般纳税人的自来水公司销售自来水按简易办法依照6%征税率征收增值税,不得抵扣其购进自来水取得增值税扣税凭证上注明的增值税税款。

8.“营改增”主要设定11%和6%两档税率。纳税人提供交通运输业服务、基础电信服务,按11%税率计算征收增值税。纳税人提供现代服务业服务(有形动产租赁服务除外)、增值电信服务,按6%税率计算征收增值税。

（四）增值税的税收优惠政策

税收优惠是国家税制的一个组成部分,是政府为了达到一定的政治、社会和经济目的而对纳税人实行的税收鼓励,包括减免税、税收扣除、税收抵免、优惠退税等形式。增值税的税收优惠主要体现在以下几个方面。

1.实行免收增值税政策。包括:①农业生产者销售自产农业产品;②避孕药品和用具;③古旧图书;④直接用于科学研究、科学实验和教学的进口仪器和设备;⑤外国政府、国际组织无偿援助的进口物资和设备;⑥由残疾人组织销售专供残疾人使用的设备;⑦个人(不包括个体经营者)销售自己使用过的物品;⑧对符合国家产业政策要求的国内投资项目,在投资总额内进口的自用设备(特殊规定不予免税的少数商品除外);⑨废旧物资回收经营单位销售其收购的废旧物资;⑩从原高校后勤部门剥离出来而成立的进行独立核算并有法人资格的高校后勤经济实体经营高校餐饮食品为高校师生食堂提供的粮食、食用植物油、蔬菜、肉、禽、蛋、调味品和食堂餐具;⑪"营改增"试点优惠政策中的免税项目(个人转让著作权、残疾人个人提供的应税服务、航空公司提供的飞机喷洒农药服务、试点纳税人提供的技术转让、技术开发和与之相关的技术咨询、技术服务、符合条件的节能服务公司实施合同能源管理项目中提供的应税服务、台湾航运公司从事海峡两岸海上直航业务在大陆取得的运输收入等。

2.实行即征即退增值税政策。包括:①利用煤炭开采过程中伴生的舍弃物油母页岩生产加工的页岩油及其他产品;②利用城市生活垃圾生产的电力;③销售以工业废气为原料生产的高纯度二氧化碳产品等。

3.实行减半征收增值税政策。包括:①利用煤矸石、煤泥、油母页岩和风力生产的电力;②销售以退役军用发射药为原料生产的涂料硝化棉粉等。

4.实行出口退税政策。

5.规定增值税的起征点。规定增值税的起征点是对纳税人的一种照顾。目前,增值税起征点只适合于个人(包括个体经营者及其他个人)。其具体规定包括:①销售货物的,为月销售额5000—20000元;②销售应税劳务的,为月销售额5000—20000元;③按次纳税的,为每次(日)销售额300—500元。

此处的销售额不包括应征增值税税额的销售额。国家税务总局直属分局在上述规定幅度内根据实际情况确定本地区适用的起征点,并报国家税务总局备案。

四、增值税的计算

《增值税暂行条例》将纳税人按经营规模大小及会计核算健全与否划分为一般纳税人和小规模纳税人两种,并实行不同的征收管理办法。

(一)一般纳税人应纳税额的计算

1.一般纳税人和小规模纳税人的划分标准。小规模纳税人是指年销售额在规定标准以下,并且会计核算不健全,不能按规定报送有关税务资料的增值税纳税人。小规模纳税人的认定标准是:年应税销售额在500万元及以下。一般纳税人是指年应征增值税销售额(以下简称年应纳税销售额,包括一个公历年度内的全部应纳税销售额),超过《增值税暂行条例》规定的小规模纳税人标准的企业和企业性单位。

2.一般纳税人的应纳税额。一般纳税人的应纳税额等于当期销项税额减当期进项税额。

3.销项税额的计算。销项税额是指纳税人销售货物或提供应税劳务,按照销售额或应税劳务收入和规定的税率计算并向购买方收取的税额。这里的销售额是指纳税人销售货物或者提供应税劳务向购买方收取的全部价款和价外费用,但是不包括收取的销项税额。其中,价外费用是指随同销售货物或提供应税劳务向购买方收取的手续费补贴、基金、集资费、返还利润、奖励费、违约金(延期付款利息)、包装费、包装物租金、储备费、运输装卸费、代收款项、代垫款项及其他各种性质的价外收费,但是不包括向购买方收取的销项税额、受托加工应征消费税的消费品所代收代缴的消费税和纳税人代垫但同时将承运部门开具给购买方的运费发票转交给购买方的运费。

除了销售额的一般规定外,我国对特殊销售方式的销售额做了如下规定。

(1)折扣折让销售:折扣销售又称商业折扣,是商家为鼓励购买者多买货物而给予购买者的一种价格优惠。税法规定,如果销售额和折扣额是在同一张发票上分别注明的,以折扣后的余额作为销售额;如果折扣额另开发票,不论财务如何处理,均不得从销售额中减除折扣额。销售折扣又称现金折扣,是销货方在销售货物或应税劳务后,为鼓励购货方尽早付清货款而许诺给予购货方的一种价格优待。因为折扣销售发生在销货之后,属于一种融资行为,故税法规定折扣额不得从销售额中减除。销售折让是货物售出后,作为已售产品出现质量问题等原因时销货方给予购货方的补偿,是原销售额的减少,税法规定折让额可以从销售额中减除。

(2)以旧换新销售:以旧换新是指纳税人在销售自己的货物时,有偿收回旧货的行为。税法规定,采取以旧换新方式销售的,按新货同期销售价格确定销售额,不得扣减旧货收购价格。但对金银首饰以旧换新业务,可以按照销售方实际收取的不含增值税的全部价款征收增值税。

(3)还本销售:还本销售是指纳税人在销售货物后,到一定期限由销售方一次或分次退还给购货方全部或者部分货款。税法规定,采取还本方式销售的,不得扣减还本支出。

(4)以物易物销售:以物易物是指买卖双方进行交易时,不以货币进行结算,而是以同等价款的货物进行结算。税法规定采取以物易物方式销售的,双方均作购销处理,以各自发出的货物核算销售额并计算销项税额,以各自收到的货物核算购货额并计算进项税额。

(5)销售带包装物的货物及包装物押金:税法规定,纳税人为销售货物而收取的包装物押金,如果单独记账核算,时间在一年以内,又未超过企业规定期限,不并入销售额征税(啤酒、黄酒按是否逾期处理,啤酒、黄酒以外的其他酒类产品收取的押金,无论是否逾期一律并入销售额征税)。因逾期(以一年为限)未收回包装物不再退还的押金,应并入销售额征税。

(6)旧货、旧机动车等的销售:税法规定,纳税人销售旧货(包括旧货经营单位销售旧货和纳税人销售自己使用过的应税固定资产),一律按3%的征收率减2%征收增值税。纳税人销售自己使用过的应征消费税的机动车、摩托车、游艇,售价超过原值的,按照3%的征收率减2%征收增值税;售价未超过原值的,免征增值税。旧机动车经营单位销售旧机动车、摩托车、游艇的,按照3%的征收率减2%征收增值税。

(7)视同销售货物:视同销售行为会出现无销售额的现象,税法规定,对视同销售而无销售额者,按以下顺序确定销售额:第一,按纳税人当月同类货物平均售价;第二,如果当月没有同类货物,按纳税人最近时期同类货物平均售价;第三,如果近期没有同类货物,就要按组成计税价格。

4.进项税额的计算。进项税额是纳税人购进货物或接受应税劳务所支付或负担的税额,它与销售方收取的销项税额相对应,即销售方收取的销项税额就是购买方支付的进项税额。在我国实行增值税专用发票抵扣制,故税法规定允许直接抵扣的进项税只有两种:一是从销售方取得的增值税专用发票上注明的税额;二是从海关取得的增值税完税凭证上注明的税额。

考虑到在实际经营活动中,有些购销活动不能取得增值税专用发票,税法又规定在一些特殊情况下取得的普通发票可以按照一定比例计算抵扣进项税额。这些特殊情况包括以下几种。

(1)购进农业生产者销售的农副产品,或者向小规模纳税人购买农副产品,允许按照9%的扣除率计算进项税额。

(2)外购货物所支付的运输费用(固定资产除外)以及销售货物所支付的运输费用(不能并入销售额的代垫费用除外),允许按照7%的扣除率计算进项税额。

(3)回收经营单位销售的免税废旧物资,允许按照10%的扣除率计算进项税额。

除了以上可以抵扣的进项税外,税法还规定了不得从销项税额中抵扣的进项税。其项目具体包括:①购进固定资产;②用于非应税项目的购进货物或应税劳务。此处的非应税项目是指提供非应税劳务、转移无形资产、销售不动产和固定资产或在建工程等;③用于免税项目的购进货物或应税劳务;④用于集体福利或个人消费的购进货物或应税劳务;⑤非正常损失的购进货物;⑥非正常损失的在产品、产成品所耗用的购进货物或应税劳务;⑦纳税人购进货物或应税劳务,未按规定取得并保存增值税扣税凭证,或者增值税扣税凭证上未按规定注明增值税额和其他有关事项的。此处的非正常损失是指自然灾害损失,因管理不善造成货物被盗窃、发生霉烂变质等的损失以及其他非正常损失。

(二)小规模纳税人应纳税额的计算

小规模纳税人销售货物或提供应税劳务,按照不含税销售额和规定的征收率计算应纳税额,不得抵扣进项税额。

(三)进口货物应纳税额的计算

不论是一般纳税人还是小规模纳税人,进口货物均按照组成计税价格和规定的税率计算应纳税额,并且不得抵扣进项税额。

五、出口货物退(免)税规定

出口货物退(免)税政策是为了提高本国出口货物在国际市场上的竞争力,鼓励和扩大本国产品出口而采取的一种国际通行政策。我国对出口货物也实行了此项政策。我国的出口退税是指对我国报关出口的货物退还或免征其在国内各生产和流转环节按税法缴纳的增值税和消费税,即对增值税出口货物实行零税率,对消费税出口货物免税。我国本着"征多少、退多少""未征不退和彻底退税"的基本原则,制定了不同的税务处理办法。

(一)出口货物的退税率

出口货物的退税率是指出口货物的实际增值税征税额与退税计税依据的比例。

（二）出口货物应退税额的计算方法

我国对出口货物规定了两种退税计算方法，一种是"免、抵退"方法，主要用于自营和委托出口自产货物的生产企业；另一种是"先征后退"方法，主要用于收购货物出口的外贸企业。

1．"免、抵、退"税的计算方法。"免"税，是指对生产企业出口的自产货物，免征本企业生产销售环节增值税；"抵"税，是指生产企业出口自产货物所耗用的原材料、零部件、燃料、动力等所含应予退还的进项税额，抵顶内销货物的应纳税额；"退"税，是指生产企业出口的自产货物在当月内应抵顶的进项税额大于应纳税额时，对未抵顶完的部分予以退税。

（1）当期应纳税额的计算，其计算公式为：应纳税额=当期内销货物的销项税额−（当期进项税额−当期免抵退税不得免征和抵扣税额）−上期留抵税额。式中，不得免征和抵扣税额=当期出口货物离岸价×外汇人民币牌价×（出口货物征税率−出口货物退税率）−免抵退税不得免征和抵扣税额抵减税额。

出口货物离岸价（FOB）以出口发票计算的离岸价为准。出口发票不能如实反映实际离岸价的，企业须按实际离岸价向主管国税机关申报，主管税务机关也有权按有关规定予以核定。

免抵退税不得免征和抵扣税额抵减额=免税购进原材料价格×（出口货物征税率−出口货物退税率）。免税购进原材料包括从国内购进免税原材料和进料加工免税进口料件，其中，进料加工免税进口料件的价格为组成计税价格，其计算公式为：进料加工免税进口料件的组成计税价格=货物到岸价＋海关实征关税和消费税。

（2）免抵退税额的计算，其计算公式为：免抵退税额=出口货物离岸价×外汇人民币牌价×出口货物退税额−免抵退税额抵减额。式中，免抵退税额抵减额=免税购进原材料价格×出口货物退税率。

（3）当期应退税额和免抵税额的计算，若当期期末留抵税额≤当期免抵退税额，公式为：当期免抵税额=当期免抵退税额−当期应退税额；若当期期末留抵税额＞当期免抵退税额，公式为：当期应退税额=当期免抵退税额,当期免抵税额=0。

2."先征后退"的计算方法。外贸企业以及实行外贸财务制度的工贸企业收购货物出口,其出口销售环节的增值税免征;其收购货物的成本部分,因外贸企业在支付收购货款的同时也支付了生产经营该类商品的企业已纳的增值税款,因此允许退还已纳的增值税款。其计算公式为:应退税额=外贸收购不含增值税购进金额×退税率。

第三节 消费税

一、消费税的概念和特点

(一)消费税的概念

消费税是对规定的消费品和消费行为征收的一种税。它是当今世界各国普遍征收的一种税,不仅是国家财政收入的一项来源,也是贯彻国家产业政策,调节消费的一种手段。如我国就对奢侈品、高档消费品及不可再生的资源消费品征收消费税。当前,世界上共有120多个国家和地区征收消费税。我国在1994年将消费税作为一个新税种在全国范围内开征。目前,我国的消费税由国家税务总局负责征收管理(进口环节的消费税由海关代为征收管理),所得收入归中央政府所有,是中央财政收入中仅次于增值税的第二大税源。2010年,消费税成为我国第四大税种(仅次于增值税、企业所得税、营业税)。

(二)消费税的特点

消费税与其他商品税相比具有寓禁于征的目的性。而为了实现这一目的,消费税在课税范围、税率和课税环节等方面都有特殊规定,也显示了如下特征。

1.征收范围具有选择性。消费税不是对所有的消费品和消费行为都征税,只是对所选择的部分消费品或消费行为征税。而所选择的这些消费品基本上具有消费量大、需求弹性大和税源普遍的特点。这主要包括非生活必需品、奢侈品、嗜好品、高能耗消费品、不可再生的资源消费品等。从国际上的实施情况看，大多是在对全部产品征收增值税的基础上，再选择部分消费品征收消费税，互为补充。

2.征收方法具有多样性。消费税征收范围确定后，根据消费品的不同种类、档次实行不同的征收方法，既有从价定率的征收方法，又有从量定额的征收方法，还有把从价定率和从量定额的计税方法相结合的复合计税征收方法。

3.纳税环节具有单一性。消费税实行单一环节征收（主要是在生产、委托加工或进口环节），这样就可以集中征收，减少纳税人的数量，降低税收成本，防范税收流失，同时也避免了重复征税。

4.因属于价内税而具有转嫁性。消费税属于价内税，无论在哪个环节征收，纳税人都可以通过提高销售价格的方式将自己所纳的消费税转嫁给消费者。

5.一般没有减免税规定。开征消费税的目的之一是引导消费结构，对特殊消费品或消费行为进行调节。因此，居民必需消费品就不在消费税的征收范围之内，也就没有必要进行税收减免。

二、消费税的征收制度

（一）消费税的征税范围和纳税人

1.征税范围。消费税的征税范围是在中华人民共和国境内生产、委托加工和进口的特种消费品。目前，我国征收消费税的消费品可以分为五大类：一是过度消费会对人类健康和生态环境等方面造成不利影响的消费品，如烟、酒、鞭炮等；二是非生活必需品和奢侈品，如贵重首饰和珠宝玉石和游艇等；三是高能耗的消费品，如汽车、摩托车等；四是不可再生和不可替代的资源类消费品，如成品油、实木地板等；五是有利于筹集财政资金，增加财政收入的消费品，即对较普遍的产品如汽车轮胎、化妆品等课以消费税。

2.纳税人。凡在中华人民共和国境内生产、委托加工和进口应税消费品的单位和个人都是消费税的纳税义务人。这里的"单位"包括国有企业、集体企业、私有企业、股份制企业、外商投资企业和外国企业、其他企业以及行政单位、事业单位、军事单位、社会团体和其他单位;"个人"是指个体经营者和其他个人。消费税纳税人具体包括:生产应税消费品的单位和个人;进口应税消费品的单位和个人;委托加工应税消费品的单位和个人。其中,委托加工应税消费品由受托方提货时代扣代缴,但若受托方为个体经营者,则应由委托方回委托方所在地申报纳税。自产自用应税消费品,由自产自用单位和个人在移送使用时缴纳消费税。

(二)消费税的征税对象

根据《中华人民共和国消费税暂行条例》和2006年消费税改革后的新规定,目前消费税的征税对象包括烟、酒、化妆品、汽车、游艇、高尔夫球等14个项目,有的项目又被细分为若干子项目。消费税的具体税目包括:①烟。这是指以烟叶为原料加工生产的产品,包括卷烟(进口和国产)、雪茄烟和烟丝三大类;②酒及乙醇。酒是指乙醇度在1度以上的各种酒类饮料,包括白酒、黄酒、啤酒、果木酒、汽酒、药酒和其他酒。乙醇包括用蒸馏法和合成法生产的各种工业乙醇、食用乙醇和医用乙醇;③化妆品。这包括如香水、香粉、口红在内的化妆品和高档护肤品。但是,属于舞台、戏剧、影视演员化妆用的上妆油、卸妆油、油彩、发胶和头发漂白剂等,不属于本税目;④贵重首饰及珠宝玉石。这包括金银珠宝首饰和经采掘、打磨和加工的各种珠宝玉石;⑤鞭炮、焰火;⑥成品油。此税目下设了包括汽油、柴油、石脑油和润滑油等在内的7个子税目;⑦汽车轮胎。这是指用于各种汽车、挂车、专用车和其他机动车上的内、外胎,但不包括农用拖拉机、收割机、手扶拖拉机的专用轮胎;⑧小汽车;⑨摩托车;⑩高尔夫球及球具;⑪高档手表。这是指销售价格(不含增值税)每只在10000元(含)以上的各类手表;⑫游艇;⑬木制一次性筷子;⑭实木地板。

(三)消费税税率

我国的消费税采用比例税率和定额税率两种形式。其中,黄酒、啤酒和成品油实行定额税率,即依据单位重量或单位体积确定单位税额;

化妆品、高档手表等应税消费品实行比例税率,如化妆品的税率为30%,高档手表的税率为20%。除此以外,还有比例税率加定额税率的复合计税形式。目前,我国只对白酒和卷烟两种应税消费品实行复合计税。其中,白酒定额税率为每500克0.5元,比例税率为20%;卷烟定额税率为每标准箱(50000支)150元,每标准条(200支,下同)调拨价格在70元(不含增值税)以上的卷烟,生产环节(含进口)的税率调整为56%;每标准条调拨价格在70元(不含增值税)以下的卷烟,生产环节(含进口)的税率调整为36%。

(四)消费税的税收优惠政策

纳税人生产的应税消费品,于纳税人销售时纳税。纳税人自产自用的应税消费品,用于连续生产应税消费品的,不纳税;用于其他方面的,于移送使用时纳税。委托加工的应税消费品,除受托方为个人外,由受托方在向委托方交货时代收代缴税款。委托加工的应税消费品,委托方用于连续生产应税消费品的,所纳税款准予按规定抵扣。进口的应税消费品,于报关进口时纳税。

三、消费税的计算

(一)消费税的计税依据

1.销售额的确定。应税消费品的销售额是指纳税人销售应税消费品向购买方收取的全部价款和价外费用。其中,价外费用主要包括价外收取的基金、集资款、返还利润、补贴、违约金、品牌使用费(主要是指白酒的品牌使用费)、代收款项、代垫款项和其他各种形式的价外费用等。但是,价外费用不包括向购买方收取的销项税款、受托加工应征消费税的消费品所代扣代缴的消费税和纳税人代垫但同时将承运部门开具给购买方的运费发票转交给购买方的运费。价外费用通常按含税价格收取,因此,计算时要转换成不含税的销售额。

2.销售数量的确定。销售数量是指应税消费品的数量,具体为:销售应税消费品的,为应税消费品的销售数量;自产自用应税消费品的,为应税消费品的移送使用数量;委托加工应税消费品的,为纳税人收回的应税消费品数量；进口应税消费品的，为海关核定的应税消费品进口征税数量。

（二）消费税的应纳税额的计算

消费税采用从价定率计征、从量定额计征和复合计征三种方法来计算应税消费品应缴纳的消费税额。从价定率应纳税额的计算公式为：应纳税额=应税消费品的销售额×适用税率。

从量定额应纳税额的计算公式为：应纳税额=应税消费品的销售数量×适用单位税额。我国消费税对黄酒、啤酒和成品油实行定额税率，采用从量定额的办法征税。

从价定率和从量定额相结合的复合计算公式为：应纳税额=应税消费品的销售额×适用税率 + 应税消费品的销售数量×适用单位税额。我国消费税对烟、粮食及薯类、白酒实行从量定额和从价定率相结合的复合计税办法来计算应纳税额。除了上述一般性规定外，还对下列行为做了具体规定。

1. 自产自用应税消费品应纳税额的计算。自产自用通常指的是纳税人生产应税消费品后，不是直接用于对外销售，而是用于连续生产应税消费品或用于其他方面。对于自产自用的应税消费品用于其他方面，在计算应纳税额时，如果有同类消费品的销售价格，按照纳税人生产的同类消费品的销售价格计算纳税；如果没有同类消费品的销售价格，则应按组成计税价格计算，其计算公式为：组成计税价格=（成本 + 利润）÷（1 - 消费税税率）。

2. 委托加工应税消费品应纳税额的计算。委托加工是指委托方提供原材料及主要材料，受托方只收取加工费和代垫部分辅助材料的业务。委托加工应税消费品由委托方代扣代缴消费税（受托方是个体经营者除外，此时由委托方收回后在其所在地缴纳）。委托加工应税消费品的销售额按如下顺序计算：第一，受托方有同类消费品消费的，按受托方当月销售的同类消费品的销售价格计算；第二，受托方当月销售的同类消费品的销售价格高低不同的，按销售数量加权平均计算；第三，受托方没有同类消费品消费的,按组成计税价格计算。组成计税价格的计算公式为:组成计税价格=(材料成本+加工费)÷(1-消费税税率)。式中,材料成本是指合同中注明的材料成本,而不是实际耗用的成本。

3.进口应税消费品应纳税额的计算。实行从量定额办法计算应纳税额的,按照进口应税消费品的数量计算纳税;实行从价定率办法计算应纳税额的,按照组成计税价格计算纳税。其计算公式为:组成计税价格=(关税完税价格+关税)÷(1-消费税税率),海关代征的消费税税额=组成计税价格×消费税税率。

四、出口应税消费品的退(免)税

(一)出口应税消费品退(免)税的基本政策

纳税人出口应税消费品,国家给予退(免)税优惠,在政策上可以分为以下三类。

1.出口既免税又退税。这一政策适用于有出口经营权的外贸企业购进应税消费品直接出口,以及外贸企业受其他外贸企业委托代理出口应税消费品。

2.出口只免税不退税。这一政策适用于有出口经营权的生产性企业自营出口或生产企业委托外贸企业代理出口自产的应税消费品,依据其实际出口数量免征消费税,不予办理退还消费税。

3.出口既不免税也不退税。一般商贸企业适用这一政策。

(二)出口应税消费品应退税额的计算

外贸企业出口按从价定率计征的应税消费品应退税额的计算公式为:应退消费税税额=出口消费品的工厂销售额(不含税价)×消费税税率。

外贸企业出口按从量定额计征的应税消费品应退税额的计算公式为:应退消费税税额=出口消费品的工厂销售数量×消费税单位税额。

第五章 公共管理的概述

　　20世纪后期以来,人类社会进入一个变革的时代,"治理失灵"的总体性和常态化成为困扰人类社会治理的重要难题。为了有效地应对"治理失灵"以及来自后工业化运动和全球化浪潮所提出的治理诉求,全球范围内的国家开启了一场行政改革运动,孕生了公共管理。①也就是说,作为一种新型的社会治理模式,公共管理产生于20世纪后期,所要承担的是高度复杂性和高度不确定性条件下的社会治理。随着公共管理的兴起,必然需要一门科学去对它做出专门研究。公共管理学就是一门综合运用各种社会治理知识来对公共管理展开系统化研究的科学,因而它是一个全新的、综合性的学科,是一门关于社会治理的学科,是社会科学中的前沿性的学科。公共管理学所要研究的是公共管理主体间的关系、合作治理的体系及其实现机制。

第一节 公共管理的兴起

一、应对变革时代的治理难题

　　20世纪80年代以来,人类进入一个急剧变革的时代,在全球化和后工业化浪潮席卷人类社会的时候,"失灵"在社会治理中呈现出蔓延之势,几乎侵入了人类社会的公共、私人和日常生活等诸多领域,而且"失

①杨冠琼.经济全球化与发达国家的政府治理范式创新运动[J].北京行政学院学报,2000(2):5.

灵"已经超越了作为特殊性和具体领域的存在,蜕变为作为"治理失灵"的总体性存在。那么,如何才能找到有效的路径去实现对"治理失灵"的救赎呢?世界各国的政府相继开展了一场行政改革运动,这场行政改革运动无论是在地理空间上还是在改革程度上,都体现了全球性的特点,因此这场运动又被视为"全球性行政改革运动"。从各国具有共性的背景因素分析,这场运动之所以爆发主要原因在于以下几个方面。

(一)各国政府面临着不同程度的财政压力

一般而言,官僚机构具有追求自身预算规模最大化的内在动机,这种动机通常是不以政治家或政府领导人的意志为转移的。在政府财政收入高涨、国民经济高速增长的时期,无论理论上提出多少应该削减政府支出、减少总体税收规模的理由,只要现实运转状况良好,政府都不会主动采纳理论研究者的政策建议。只有当国民经济运行陷入停滞或衰退,政府财政收支严重失衡,原有的政府公共治理结构难以为继的时候,政府部门才有可能根据理论工具与现实条件所提供的可能空间,去实施政府改革。20世纪80年代,全球性行政改革的经济背景就是各国都面临着不同程度的财政危机以及由此所导致的日益严重的财政压力。所以,几乎所有国家的政府改革都首先表现为通过改革政府治理方式以控制财政赤字,缓解日益尖锐的社会经济矛盾。

(二)"政府失灵"问题逐渐显现出来

政府与市场的关系发生了根本性转变。自第二次世界大战后,受国家干预和国家福利政策的影响,政府职能急剧膨胀,政府被赋予了更多干预经济生活的功能。相应地,人们对政府的期望也越来越高。的确,在干预模式中,政府完成了许多市场无法实现的使命,诸如稳定国民经济、熨平经济波动等。然而,随着治理生态和治理问题的复杂化以及政府规模的膨胀,不仅不能补救市场失灵,反而降低了社会效益。这种现象被称为"政府失灵"。最先提出"政府失灵"这一概念的是美国学者查尔斯·沃尔夫教授,他从1978年开始就对"非市场失灵"进行系统化研究,政府失灵正是在非市场失灵的语境下逐渐离析出来并获得了特定的含义。后来,以布坎南为首的公共选择学派通过对民主社会的政治结构做出全面分析,进而揭示了政府失灵的原因。政府失灵主要体现为公共政策失效、官僚机构提供公共产品的低效与浪费、徇私及腐败等问题。此时,人们开始意识到,如同市场不是万能的一样,政府也不是无所不能的。在这种背景下,开始了旨在调整政府与市场关系的改革,在改革过程中"小政府"与"企业型政府"的建议得到了广泛采纳。

二、治理变革孕育了公共管理

为了应对社会复杂性和不确定性陡增带来的治理压力,更好地实现政府的运作效率,在20世纪后期,世界各国先后开启行政改革的试验,其中西方国家的行政改革具有一个共同的特性,那就是私有化或市场化。点燃这场私有化或市场化运动的导火索,是英国的私有化改革。从1979年保守党上台执政开始,英国实施了以私有化为特征的政府改革。具体做法是:把国有企业转为私有,对保留下来的国有企业也实行改革,让其按照市场规则经营,将营利作为其经营管理的首要目标,并鼓励国有企业与私营企业展开竞争。与此同时,政府的许多机构被精简或转为政府之外的服务机构,这些机构被称作"第三部门"。从改革的逻辑看,第三部门只是一种过渡形式,这些机构由于政府精简而被推到政府之外,可能是为了照顾工作人员的心理适应问题,才暂时以第三部门的形式存在,其最终的归宿显然是要经历一段时间后而转变为私人组织,或者被撤销。但是,出乎意料的是,这些第三部门在提供服务的过程中获得了强大的生命力,并造就了一个新兴的领域。由于第三部门的示范效应,非政府组织以及其他社会治理力量迅速成长了起来,从而为公共管理这一新型社会治理模式的出现提供了组织基础。

就治理手段而言,20世纪后期,西方各国在政府改革中广泛引入私人部门的管理技术。例如政府在社会管理中广泛采用私人部门的科学管理方法,如成本—效益分析、全面质量管理、目标管理等。而且尽管当时世界各国在推进政府改革时面临的背景各异,但把以合同制为典型特征的市场规则广泛引入政府部门管理中是一个共同的特征。传统观念认为,微观经济领域应该由私营企业承担,而公共服务领域则应由政府部门垄断。而私有化运动从根本上转变了这一观念。在当代西方的政府改革中,都比较注重对过于单一的垄断性公营部门进行改革,努力引入竞争机制。这也就是通过合同、承包等多种形式,在公营部门内部重组市场,把以市场为导向、注重公民自由选择的思想应用到政府管理中来,以提高其绩效。戴维·奥斯本与特德·盖布勒在《再造政府》一书中从理论上肯定和确认了市场导向改革的必要性:政府应实行一种把政策制定(掌舵)与服务社会(划桨)分开的体制;政府不应控制公共服务,而应授权社区实施公共服务;政府应是竞争型的政府,政府必须具有创造性和使命感;政府活动的目的是满足民众的需要,而不是官僚政治的需要;政府的组织形式应从集权走向分权;政府要以市场为导向,引进市场机制,改善政府及其公共服务。事实上,私有化改革中出现的不同领域的管理手段和工具协同运用的情形,为公共管理这一新型模式的出现提供了技术支持。

在这场政府改革运动中,政府推进社会治理变革的目标是非常明确的,就是为了分散政府社会管理职能,其核心是削减中央政府职能或把中央政府的职能转移到地方政府以及非政府组织中去。而分权化改革恰恰是解决这一问题较为现实的方式。分权可以带来有利的转变,譬如提高效率,提高官员直接接触民众或获取信息的机会,从而可以更好地控制管理活动并提升完成绩效目标的使命感。分权化的政府放弃了传统的官僚制集权模式,采取了扁平化的政府组织结构,以便于更好地实现上情下达与下情上传。在西方政府的机构改革中,在调整中央与地方关系的同时,还调整了中央政府部门内部上下级之间的层级关系,许多政府经济部门被改造为"准政府机构",即第三部门。这种改革实现了决策权从地方向中央集中和管理权从中央向地方下放的有机结合。中央政府与地方政府关系的调整是20世纪后期以来政府改革进程中的基本内容。尽管由于各国国家结构的不同,其中央与地方政府的关系变革也相应选择了不同的路径与发展方向,但其总体趋势是:此前集权程度较高的国家朝着地方分权的方向发展;而此前分权程度较高的国家则走上了强化中央集权的道路。它表明,在中央政府与地方政府的关系问题上,世界各国在这场改革中开始出现了趋同化的趋势,这虽然是"集权"与"分权"这一形式上的趋同化,却反映了全球化对各个国家社会治理的影响,为公共管理这一新兴模式的产生奠定了制度性保障。

第二节 公共管理的概念及特性

一、公共管理的概念

"公共管理"一词产生于20世纪20年代,最早的文献资料可以追溯到1926年国际市政经理协会的会刊《市政管理杂志》。该杂志在1926年12月将名称变更为 Public Management。刊物名称的最终变更对于"公共管理"概念的推广发挥了积极影响。20世纪40年代,"公共管理"的概念在美国公共行政学界得以流行,而且20世纪70年代以后,在美国的一些公共政策学院的推动下,这一概念再度得以广泛使用。

但是,"公共管理"能够成为一个可以与"公共行政"相并列的概念,则得益于一场发轫于英国、澳大利亚、新西兰等英联邦国家的"新公共管理运动"。新公共管理运动起源于20世纪70年代后期"撒切尔政府"的私有化改革,相较于这场运动,"新公共管理"提法的出现比较晚。1991年,克里斯托弗·胡德在英国《公共行政》杂志第1期发表了论文《一种普适性的公共管理》,他在论文中将20世纪70年代以来的市场化改革正式命名为"新公共管理"(简称NPM),并对它做出了第一次系统化的理论总结,也将英国式的公共管理研究推向了整个世界。

在此之前,跟美国一样,公共管理的概念已经在英国公共行政学界中流行开来。不同的是,英国的公共管理概念更多地受到了撒切尔改革的影响,因而与诞生在政策学院或管理学院中的美国的公共管理概念有着内涵上的不同。在某种意义上,正是由于看到了撒切尔改革与传统公共行政实践决裂的决心,英国学者才在公共管理一词前面加上了一个"新"字,并最终让这一新的公共管理概念取代了传统公共行政学以及20世纪80年代美国的公共管理概念,从而成为理解20世纪90年代以来人类社会治理发展的关键词。显而易见,"新公共管理运动"和胡德的"新公共管理"提法对于"公共管理"概念的流行和传播起到了非常重要的作用。①但是,并不能因此就将"新公共管理运动"理解为"公共管理",更不能泛泛地将"新公共管理运动"与诞生于世纪之交的"公共管理学"的研究内容等同起来。

现今,当谈起"公共管理"和"公共管理学"的时候,一些学者会很自然地联想到"新公共管理运动",甚至将"新公共管理运动"当成是公共管理学的基本内容来介绍。这种做法是不正确的。因为就治理变革而言,公共管理是一种全新的社会治理模式,是对公共行政的扬弃;就学科属性而言,公共管理学是一门关于社会治理的全新学科,它在20世纪后期兴起意味着对公共行政学的全面超越和替代。而"新公共管理运动"与"新公共行政运动"一样,属于公共行政的范畴,仅仅是公共行政学的研究内容而已。而且在世纪之交,正当公共管理学作为一门学科得以建构的时候,新公共管理运动已经趋于终结。一方面,新公共管理运动在1995年前后就已经被画上了句号。尽管"新公共管理运动"中的具体做法依然在政府部门中得到了广泛应用,但是应用前景是不容乐观的。尤其是进入21世纪之后,有一些国家继续沿用新公共管理的药方来推进政府改革,这些改革并没有使政府变得越来越好,反而使"政府失灵"常态化。另一方面,"新公共管理运动"所使用的各种理论(如公共选择理论、交易成本理论等),受到了来自新公共行政和后现代公共行政等思潮的致命抨击,被认为是旧的理论框架中的理论而已,即使被归入公共管理理论的范式之中,也并不意味着是一种不同于公共行

---

①张康之,张乾友. 论公共管理概念的生成及其基本内涵[J]. 行政科学论坛,2014(1):8.

政的新的理论。

作为一种全新的社会治理模式,"公共管理"的概念具有三重含义:其一,是公共部门中的管理;其二,是服务于公共事务的管理;其三,是具有公共性质的组织及其成员对社会的管理。一般认为,公共管理是指政府等多元社会治理力量通过整合社会资源和战略性地运用治理手段,对与公共利益实现相关的广泛的社会事务的管理,其目标是促进社会发展和实现社会公平,保障全体社会成员共享社会发展的成就。

历史地看,公共管理是人类社会治理发展到20世纪后期所出现的一种新型社会治理方式,是政治、法律和管理进步的最新成就,代表了社会治理的制度、方式和行为模式的最新文明典范。

1.公共管理主体是一切从事和参与社会治理活动的组织和个人的总和。或者说,一切不以营利为目的而围绕着社会事务开展活动的组织及其成员都属于公共管理主体的范畴。现代社会的治理活动都是以组织为载体或基本单位展开的,因此从组织的意义上来审视公共管理活动,政府已经不能垄断社会治理,而是需要与多元化的社会治理力量一起合作治理。所以,公共管理主体是多元化和多样化的,是包括政府与非政府组织、官僚制组织与任务型组织以及所有这些组织之间的合作网络。

2.公共管理的目标是一个具有多层次结构的目标体系。表现为提高社会治理活动的效率、促进社会发展和保证全体社会成员共享社会发展的成就。为了实现这些目标,一切公共管理主体都需要在注重社会公平的前提下提高效率,不断地改善提供公共服务的能力,注重绩效和服务品质。对于政府而言,要把重心放在基本公共服务均等化供给上;对于非政府组织以及其他社会自治力量来说,应当在其所活动的区域(或领域)内积极开展治理活动,及时地把存在于社会中的各种利益诉求传递给政府。无论是政府还是非政府组织以及其他社会治理力量,在公共管理过程中都需要以积极的态度去自觉地完善公共服务的合作关系。

3.公共管理的途径是多样的。概括地说,主要由管理途径、政治途径和法律政策途径构成。近代以来的社会治理过程由于追求专业化,往往把三种途径隔离开来,由不同的部门或机构着重运用其中的一种。20世纪后期以来,社会的复杂性和不确定性迅速增长,几乎所有具有新的历史特征的公共事务都需要战略性地、前瞻性地和综合性地运用这三种途径来加以处理。所以,科学管理、合作治理和依法行政将成为公共管理途径的最为基本的三个方面。当然,在具体的公共管理过程中,公共管理的途径会呈现出多样化的特征,也要求公共管理者自觉地进行方式方法上的创新。

4.公共管理系统是一个由多元社会治理力量构成的以合作关系为纽带的和以提供公共服务为目标的统一体。近代以来,虽然政治民主作为政府开展社会治理的基本环境已经被建构起来,但是公民权利的行使主要被限制在政治途径之中,具体的社会治理过程依然呈现出政府垄断的特征。公共管理产生于20世纪后期,非政府组织以及各种各样的社会自治力量迅速成长,冲击了政府垄断社会治理的格局,促使政府的类型正在悄然地从"管理"转变为"服务"。所以,公共管理系统体现为服务型政府与非政府组织等社会治理力量一起共同构成的结构体系,在相当长的一个历史阶段中,服务型政府将会处在体系的中心地位,但是多元治理力量之间的互动也会不断地增强。

与"公共"一词相对应的是"私人"这样一个概念,因而当人们使用"公共管理"的时候,实际上是对应于"私人管理"的。一般说来,营利性组织中的管理都可以被看作私人管理。这类管理主要集中在组织内部,它虽然也有对组织外的人和事的管理要求,但那是属于环境管理的范畴,在根本上是从属于组织自身的管理需要的,即通过组织自身的管理而实现利益的最大化。

公共管理是社会治理的一种新的类型。历史地看,农业社会的社会治理是建立在等级身份差序的基础上的,是依靠权力而进行的治理,服务于等级统治的要求,因而可以称为统治型社会治理。经历了工业革命和启蒙运动,欧洲进入了工业社会。工业社会的治理是建立在法律的基础上的,特别是政治与管理的分化,使具体的社会治理更多地具有管理的特征,因而工业社会的社会治理通常看作是管理型社会治理。20世纪后期,随着后工业化进程的启动,工业社会所形成的治理模式开始逐渐地显示出与社会的发展不相适应的状况,公共管理就是在这种条件下产生的。在性质上,公共管理属于服务型社会治理;在治理方式上,公共管理是由多元社会治理力量在服务精神导向下的合作治理。

当然,公共管理作为一种治理模式才刚刚登上人类社会治理的历史舞台,它所应有的许多特征尚未充分地显现出来,因而关于公共管理的认识也存在着很大的分歧。考虑到它产生于人类从工业社会向后工业社会转型的运动之中,因而它的过渡性色彩是难以避免的,它会带有工业社会治理模式的诸多特征。人们往往在工业社会治理模式的框架下去认识它,试图用旧的理论去解释它,按照既有的方式去建构它和应用它。但是随着时间的推移,公共管理将会逐渐褪去工业社会治理体系的色彩。这一"褪色"的过程实际上是公共管理逐渐成熟的过程,它不仅会继承工业社会治理模式中的一切积极成就,而且会重新检视已经被工业社会治理方式所否定了的那些农业社会治理模式中的积极成就,会对它们进行重新改造并消化吸收。

二、公共管理的创新性

在公共管理出现之前,公共行政是基本的社会治理方式。公共管理的创新性在于:它从公共行政中转变而来,并将最终实现对公共行政的全面替代。

公共行政的起点是近代社会,是在行政的统治职能和管理职能的此消彼长中出现的。近代社会的早期,西方各国大都通过资产阶级革命建立起了民主国家,从而出现了现代意义的政府。这些政府与此前的由"国王"及其"王朝"构成的治理主体有着根本性的不同。但是,在资本主义制度确立起来之后,政府的边界是受到严格的限定的,所以,近代早期的政府往往被界定为"消极政府"或"有限政府",扮演着"守夜人"的角色。政府职能主要体现在保护个人财产、维护社会秩序和国防安全等方面。

19世纪中后期,资本主义的自由竞争开始逐渐被资本垄断所取代,周期性的经济危机对社会生活造成了极大影响。这就需要政府积极干预以解决垄断诱致的社会问题,也正是在这一情形下,政府的职能迅速地扩张,政府的规模也迅速地膨胀。到了19世纪末,基本上形成了"行政国家"的局面。在1929年的大萧条之后,以凯恩斯主义为内核的国家干预主义逐渐成为政府干预经济与社会发展的理论基础,政府角色从"守夜者"变成"干预者"。到了20世纪中期,政府干预几乎涉及国家与社会生活的方方面面,并且发挥着不可替代的治理功用。到了20世纪60年代,由政府所承载的公共行政也发展到了其顶峰。

公共行政是具有历史性的。在农业社会的王朝治理中,行政管理问题也是客观存在的,但是那时的行政是一种统治行政,是从属于统治的需要和服务于统治阶级的利益的,而且这种行政在治理体系的自我管理和对社会的管理方面是没有得到分化的,治理体系自身的管理是权力发挥作用的过程,而对社会的管理也同样是权力发挥作用的过程。到了近代,随着资产阶级革命取得了成功,建立起了现代政府,而且根据启蒙思想家们的制度设计方案,对国家机构进行了"分权制衡"的规划,结果所建立起来的政府只是国家的行政机构,是专司行政管理职能的部门。这说明,现代政府的行政是国家各项职能分化的结果,行政职能是与国家的立法职能和司法职能相并列的三大职能之一。但是,在几个世纪的时期内,现代意义上的公共行政都未出现。因为虽然通过资产阶级革命建立起了现代政府,但它一直处于统治职能与管理职能此消彼长的过程中,而且政治与行政之间的边界并未得到清晰的厘定,行政还不可能作为一个专门的管理技术领域被对待。即便是在美国这样的宪政国家中,在很长时期内,也由于"政党分肥制"而使行政成为某个政党的工具,更不用说要背负着农业社会传统包袱的欧洲国家了。公共行政产生的标志性事件是1883年美国国会通过了《彭德尔顿法案》。该法案彻底终结了"政党分肥制",使得文官体系在美国得以确立,文官的"永业制"保证了行政体系不再归附于某个政党或利益集团。几乎在同一个时期,英国用公务员制度终止和取代了"官职恩赐制"。可见,公共行政作为管理型社会治理模式中的一个范式,它的产生和系统化建构是以公务员制度的建立为起点的。

对于社会治理的进步而言,20世纪可以看作是公共行政得到迅速发展的世纪,关于行政改革的每一项举措,都是公共行政体系发展的积极步骤。在某种意义上,公共行政的实践形态是由无数个关于行政的法案和无数项行政改革措施建构起来的,而最能够准确描述公共行政发展轨迹的则是它的理论形态,当然这些理论形态具体映射在20世纪以来发生的多场公共行政运动之中。

威尔逊、古德诺、韦伯和泰勒是现代公共行政创建时期的代表人物。威尔逊被看作是行政学的创始人,他的《行政之研究》(1887年)一文是行政学研究的经典文献。在公共行政的发展史上,威尔逊用理论的形式表述了《彭德尔顿法案》的精髓,即"政治与行政二分原则"。在威尔逊之后,古德诺在1900年出版了《政治与行政》一书,对"政治与行政二分原则"做了进一步的阐述,指出"政治是国家意志的表达,行政是国家意志的执行",从而使行政作为一个专业化领域得以从政治中独立出来。韦伯创立的官僚制理论解决了威尔逊思想付诸实施的技术性问题,即作为国家意志执行部门的自我建构问题。韦伯认为,理想的官僚制是建立在"合理、合法"权威基础上的,是从属于技术理性原则的。作为官僚制组织的政府应当是层次分明、制度严格、权责明确的科层制组织系统。泰勒的科学管理思想被引入公共行政体系的建构中,解决了政府自身的管理问题,也使得公共行政范式中的行政管理更加科学和高效。如果对威尔逊、古德诺、韦伯和泰勒的贡献进行比较的话,可以看到:威尔逊和古德诺的主要贡献是确立了政治与行政二分原则,韦伯的主要贡献是描绘了公共行政体系中的组织框架,而泰勒的主要贡献则是对这个组织如何运行的问题提出了系统化的解决方案。总的说来,公共行政体系主体结构在威尔逊、古德诺、韦伯和泰勒这里得以完成,接下来的事情就是把视线投向构成政府的一个最基本的要素——人身上去了。

20世纪20年代开始的一场行为主义运动对公共行政的建构产生了很大影响。行为主义的理论也被学术界称为行为科学,它的思想渊源可以追溯到20世纪20—30年代的早期人际关系学派。1927—1932年美国哈佛大学教授梅奥等人进行了著名的霍桑实验,实验结果证明:第一,工人是"社会人"而不是"经济人";第二,金钱不是唯一的激励因素,存在着社会的、心理方面的激励因素;第三,除了正式组织之外,非正式组织有非常重要的作用;第四,新型的领导者所具有的不是以工作为中心的技术技能,而是以人为中心的社会技能。在梅奥之后,行为科学——人际关系学说得到了迅速的发展。行为科学在公共行政领域中的理论建构工作是由西蒙完成的,他不仅继承了早期人际关系学派关于人的行为研究的成果,而且从人的行为的角度对公共行政过程中的每一个环节都进行了重新审视,并提出了自己的见解。

第二次世界大战之后,随着凯恩斯主义的政府干预理论得到普遍应用,由政府管理的社会事务迅速地增多。此时,政府所面对的已经不再是个别的、单一的、简单的和基本稳定或重复出现的社会矛盾和问题了,而是越来越复杂的普遍性和专业性都很强的事务。20世纪60—70年代,许多西方国家都先后出现了诸如暴力犯罪增加、经济停滞、环境污染、能源短缺、失业扩大以及住房、卫生、社会保障、公共交通等众多的社会问题。公众因此对政府社会治理提出了新的诉求。与此相一致,社会公众所关注问题的焦点不再是抽象的理念或原则问题,而是那些与自身切身利益密切相关的公共服务问题。所有这些新的情况,都迫使政府去寻求具有普遍性的、能够大范围和大规模集成解决问题的治理工具,因而出现了公共政策运动。从逻辑上看,公共政策运动可以说是法治在行政领域中的延伸,是法的精神在这一领域中的具体体现。20世纪60年代,美国率先运用科学化的公共政策工具去处理联邦政府所面临的若干大型的、复杂的国策问题,成功地组织起了大规模的专业力量和生产力量,解决了诸如国防、空间探索等领域里的一些问题,从而引起了各国政府的普遍重视。

行为主义的和公共政策运动的政府改革方案对推动公共行政的发展起到了很大作用,但是它们仅仅属于公共行政技术上的进步,均未能走出公共行政创立时期所确立的基本框架。20世纪70年代的新公共行政运动则试图突破公共行政的经典框架,试图模糊"政治与行政二分原则",认为政府除了执行国家意志之外,还应当关注一些价值问题,注重如何去实现社会正义和社会公平。可以说,自从《彭德尔顿法案》颁布以来,政府的行政已经是公共行政了,但是这一行政所拥有的公共性还仅仅是一种消极的公共性,是建立在"政治与行政二分原则"的前提下,即建立在政府及其行政人员"价值中立"的基础上的,所表现出来的是一种形式化的、抽象的公共性,而不是对公共性的自觉维护和积极建构。与之不同,新公共行政运动主张一种积极的公共性,要求政府突出公共行政的"公共"性质,并提出通过民主行政的方式去使公共行政获得和保有公共性。此外,新公共行政运动对官僚制组织也提出了批评,认为政府应当重新构建新的组织形式,但是他们并没有提出具体的组织建构方案。尽管如此,新公共行政运动的成果还是被充分地吸收到卡特政府1978年的《文官改革法案》中。特别是"民主行政"的主张,后来被转化成了政府公开化、透明化以及参与治理的各种各样的具体方案。不过在当时,新公共行政运动的许多主张都被看作是年轻人关于公共行政的激情表白,被认为是空想,特别是其民主行政的主张,在政治民主和行政效率的专业分化已经成为事实的情况下,很难得到理性思考的认同。所以,新公共行政运动很快就被新公共管理运动所取代。

从历史背景上看,新公共管理运动发生在凯恩斯主义的终结和新自由主义的兴起过程中,它认为政府不应管理得太多,因此着重解决的问题是让政府回归到"有限政府"的边界内。为了使政府管得少而又不影响公共服务供给的质量,它提出了"以私补公"的措施,即通过建立一个介于政府和私人部门之间的"第三部门"去提供公共产品,同时也尽可能地通过公共服务合同承包制鼓励私人组织提供公共产品。对于政府自身的管理问题,则主张引入竞争机制去促进政府效率的全面提升。所有这些,被概括为"运用企业家精神改造政府"。

新公共管理运动的主张以及它在行政改革过程中的做法都表明,它是一场具有过渡性的改革运动,它在性质上属于公共行政的范畴,同时又表现出对公共行政传统路线的背离。首先,它对公共行政的基本框架造成了实质性的挑战,不是让公共行政通过恢复政治价值去结束"价值中立",而是要用企业家精神去对传统公共行政和新公共行政做出双重否定;其次,在它的"以私补公—民营化"策略中,包含着促进非政府组织等社会治理主体生成的动力;最后,它关于在政府中引进竞争机制的做法否定了官僚制组织的分工协作关系。在此意义上,新公共管理运动发挥出了终结公共行政的作用。换而言之,在公共管理兴起的过程中,新公共管理运动发挥了重要的催化作用。但是,这种催化作用不能被过度地解读,更不能将新公共管理运动简单地等同于公共管理。公共管理是一种新型的社会治理模式,对它的建构需要秉持一种客观的、开放的历史关怀,绝不能因为过度解读属于"公共行政"治理范式的"新公共管理运动",而为公共管理的成长以及公共管理学的学科建构平添烦恼。

在社会治理模式的意义上,公共管理的"新"本质上体现为对公共行政的扬弃和替代,但是这种扬弃和替代的过程却直接归因于社会治理生态的变化。20世纪末,在发达的市场体系和先进的私营部门管理理念的共同映衬下,占据社会主流地位的政府社会管理却存在着效率低下、机构臃肿和缺乏活力等问题,并因此引发了财政危机、管理危机和信任危机,这些都迫使人们重新审视公共行政的管理理念和方法。与此同时,社会自我治理的要求也变得越来越强烈,非政府组织等社会治理力量的迅速成长,也使政府一元化的社会治理格局发生了根本性变化。这些新的变动,对公共行政所代表的社会治理模式形成了冲击,进而开启了新的社会治理模式产生的历程。公共管理就是这种新的社会治理模式。

公共管理的出现意味着作为工业社会治理模式典型代表的公共行政的终结,但是并不意味着公共行政问题的完全消失。

1.公共管理是一种多元治理力量以合作的方式开展社会治理的模式。使得原先的行政管理与社会管理的分化和分离进程发生逆转,开始走向融合和统一。公共管理主体在建构和融入公共管理合作体系时都必须面临合作体系内部的行政管理问题,而且作为公共管理主体,其行政行为无一例外地都应当是"公共行政",都具有公共性。但是,这种公共行政不再专属于政府,而是属于所有公共管理主体;这种公共行政是一种具有实质公共性的行政,是一切公共管理主体根据公共服务以及合作治理的需要而建立起来的公共行政,是公共服务以及合作治理的实现途径。

2.公共管理范畴中的公共行政从属于合作治理的需要。以合作行政的形式出现。官僚制组织中的以及由官僚制组织所承担的公共行政是以分工协作的形式出现的,在价值中立的前提下,它主要从属于科学的规定,不断通过技术刷新去提高行政效率和功能。公共管理中的公共行政不仅继承了这种科学化、技术化追求的传统,而且更加注重合作行动中所需要的价值支持因素,特别是要求合作者之间确立起信任关系以及合作者进行自我道德建构,以此不断地提升和促进合作体系和行动结构的优化。

3.公共管理中的公共行政在形式上是合作行政而在实质上则是服务行政。在20世纪得到充分发展的公共行政在实质上是一种管理行政,是与管理型社会治理模式有着相同的性质的,而公共管理在性质上则属于服务型社会治理模式,它的公共行政也是一种服务行政。这不仅是因为一切公共管理主体都以提供公共服务为其基本目标,而且更为根本的是,它们都定位于引导者与服务者的角色,它们的管理行为是从属于服务的,具有服务的性质。所以,合作与服务是公共管理不同于传统公共行政的两个最基本的特征。

三、公共管理的成长

20世纪后期以来的政府改革浪潮由于政府机构的精简、中央政府对地方政府的分权、政府对社会的放权、非政府组织以及其他社会自治力量的出现等原因,造就了多元社会治理主体合作共治的局面,这是人类社会治理历史上的又一次根本性的转变。虽然目前公共管理作为一种社会治理模式正在成长过程中,依然具有管理的特征,然而它在取代管理型社会治理模式的过程中却体现出了服务的本质,逐渐成长为一种服务型社会治理模式。从20世纪后期的政府改革中,可以清楚地看到这一点。

1.服务行政成为公共行政发展的新阶段。农业社会的行政属于统治行政,工业社会的行政属于管理行政,在管理行政发展到其高级阶段的时候,出现了公共行政这一典型形式。但是,管理行政范式中的公共行政是价值中立意义上的公共行政,还不具有实质上的公共性。公共行政发展的最高形态是不仅在形式上具有公共性而且在实质上也具有公共性,是形式公共性与实质公共性的统一,这种公共行政是以服务行政的形式出现的,是随着公共管理这一新型社会治理模式的出现而开始出现的。在各国的政府改革中,可以明显地感觉到:"控制关系日渐式微,代之而起的是一种日益生成的服务关系,管理主体是服务者,而管理客体是服务的接受者。所以,这是一种完全新型的管理关系,在这种管理关系的基础上,必然造就出一种新型的社会治理模式,是一种服务型的社会治理模式。"而且,服务行政意味着公共行政范围的扩大。原先,公共行政是与私人行政相对应的,政府中的以及由政府所实施的行政管理活动是公共行政,而私人部门中的管理活动则称为私人行政。现在,公共行政不再仅指政府中的和政府所实施的行政管理活动,而是指包括政府在内的一切具有公共性的组织的行政管理活动。

服务行政与管理行政的根本区别就在于:其一,服务行政是服务导向的而非控制导向的。一切社会治理主体都是以服务者的面目出现的,它们的社会治理活动无非是相互提供服务,在治理者与被治理者的关系上,也无非是服务的提供与接受;其二,服务行政是公正导向的而非效率导向的。管理行政在政治与行政二分的前提下事实上是把社会公正的问题交由政治部门去解决的,而行政自身所突出的是"效率中心主义"的理念,以效率作为衡量行政决策和行政执行效果的唯一标尺。服务行政则把社会公正问题的解决放在第一位,它的效率追求是从属于公正实现的要求的;其三,服务行政是客体本位的而非主体本位的。在管理行政中,政府是唯一的治理主体,政府处于治理体系的中心,一切治理活动都以政府的方便和政府权威得到维护为出发点。服务行政作为多元治理主体所承载和开展的行政活动,是把服务的接受者即行政客体放在中心位置上的,而服务的提供者作为行政主体则是在提供服务时去实现自身的价值和证明自身存在的必要性的;其四,服务行政是开放式的行政而非封闭式的行政。管理行政的科学化、技术化以及专业化使它具有封闭性的特征,也就是说,行政活动因为成了一门专门性的技术而无法向公众开放,所以,政府行为总是显得非常神秘。服务行政则不同,因为多元治理主体间存在着相互监督的关系,每一个治理主体的行政活动都必须是开放的、透明的,只有这样,它们之间才能确立起合作关系。

2.参与治理成为政府管理向公共管理转变过程中的过渡形态。民主在本质上是一种权力的分配与运行方式,属于政治生活的范畴。20世纪70年代由新公共行政运动提出的"民主行政"理念被引入到公共行政中来,新公共服务理论则用参与治理的方式落实了民主行政的理念。在20世纪的公共行政发展中,由于职业化、专业化以及公共行政的保密性和公共行政机构相对独立的地位,使得公民与公共行政机构之间产生了巨大的距离,公共行政成了民主政治条件下的一个集权体系,因而加大了政府与公众之间的隔阂,使公民与政府处于一种紧张、陌生甚至误解的状态下。这种形势的发展既损害了公民的利益,也降低了政府工作的威信与效率。所以,在20世纪后期的政府改革中,如何增强公共行政中的民主内涵也成了一个重要的课题。参与治理方式的提出,正是适应了这一改革要求。

参与治理就是让公众参与到公共事务和管理等公共产品的供给中来,具体地说,就是参与政府的决策和执行过程,这对于改变政府在治理上的垄断地位具有积极意义。以公众参与决策为例,其一,公众参与决策能够保证社会问题及时转化为政策问题。行政决策实际上就是把一些社会问题转化为政策问题并提出解决方案的过程,公众通过制度化的渠道将自身关注的或与自身利益相关的问题以提案、建议等方式向决策层反映,有利于社会问题向政策问题的转化,能够使一些社会问题及时地引起决策层的注意,不至于让一些社会问题被长期搁置进而引发危机事件;其二,公众参与决策能够保证公众的意愿得到表达,并在决策过程中得到一定程度的采纳。公众参与决策主要体现为政府在决策过程中,采用咨询、协商、公示、听证等方式倾听群众意见,听取他们对决策问题的看法,从而获取大量的决策信息,均衡各方利益,寻找决策依据,并制定出真正反映大多数公众利益的决策方案。在这一过程中,公众的意见表达能够保证政策更符合实际,反映出各方面的利益诉求,做到公正。从改革的实际效果看,随着信息化程度的提高和人们参与意识的增强,参与治理已经成为民主行政的一种基本途径。但是也需要指出,参与治理还不能看作是民主行政的目标,与政府垄断治理相比,它是一种进步,但与民主行政的要求还存在着很大的距离。这是因为参与治理无非是要公众参与到政府过程中来,它并没有改变政府在社会治理体系中的中心地位,并不合乎多元治理主体平等治理的要求。所以,它可以看作是从传统的政府管理向公共管理这一新型社会治理模式转变过程中的一种过渡形态。

3.合作治理是公共管理的理想形式,也是民主行政的真正实现。既然20世纪后期的政府改革造就了非政府组织等各种各样的社会治理主体,这就确定无疑地展示了政府与这些社会治理力量合作治理的前景。从实践来看,由于政府改革取得了一定进展,20世纪90年代以来,各国都努力在政府和非政府组织间建立起一种合作对话机制,各种非政府组织也都学会了以各种方式同政府部门进行协商、对话与合作。政府在制定有关政策时也已经开始自觉地与各种社会力量进行协商,并以协商的结果作为公共政策的依据。伴随着成熟的合作治理方式成为社会治理的现实,公共管理这一新型社会治理模式也将成熟起来。

合作治理从根本上排除了政府中心主义的取向,其结果是:在政府与非政府组织以及其他社会自治力量之间,并不存在一个以谁为中心的问题,原先政府与社会间的"中心—边缘"构成状态被彻底打破,代之以政府与非政府组织以及其他社会自治力量在治理过程中的平等和以平等为基础的互动。所谓合作治理,实际上就是政府与非政府组织以及其他社会自治力量在社会治理过程中以服务为宗旨和以信任为纽带而开展的互动过程。在具体的公共产品供给过程中,它们之间会展开竞争;而在公共利益实现的问题上,它们之间则是无条件的合作关系。在合作治理中,专业化的特征将会加强,政府统揽全局的地位没有改变,但是它不再是凌驾于非政府组织以及其他社会组织之上,而是合作体系中的一个构成要素。政府对非政府组织以及其他社会组织的活动提供引导,发挥着引导型职能。但是,在这种引导型职能实现的过程中,政府所扮演的是类似于"教练"和"导师"的角色。正如体育比赛中的教练与运动员之间不分主次一样,政府与非政府组织和其他社会组织之间也没有主次之分。

第六章 公共危机管理

第一节 公共危机与公共危机管理

一、危机管理成为公共管理的一个重要课题

公共危机管理是当前世界各国政府共同关注的一个重要问题。这是由三个方面的原因决定的:其一,全球经济一体化的两重性加剧了危机的发生。一方面,在国际范围内促进了生产力的发展。经济全球化可以促进世界经济总体发展,可以使一些发展中国家抓住机遇,迅速发展,缩小同发达国家的差距。另一方面,在国际生产关系方面加剧了两极分化。在经济全球化的进程中,发达资本主义国家一直处于支配地位,是最大的受益者。因而,经济全球化由资本主义生产关系所决定。它有可能导致富者越富、穷者越穷的两极分化现象,而两极分化历来是导致动乱的祸源;其二,全球政治文化一体化,进一步加剧了危机的发生。经济全球化的过程,也是各种文化相互冲突的过程。这种文化现象往往表现为两种基本的类型:一种是内部冲突,即民族文化内部的传统文化、统治文化与本系统自下而上生长的新文化之间的冲突。另一种是外部冲突,即民族文化与外来文化的冲突。当今世界正处于从多文明时代向全球文明时代的过渡时期,过去的各个世界性文明正在演变为多元一体的全球文明中的子文明或亚文明。邪恶源于文明而又反对文明、玷污文明、毁灭文明。21世纪是人类通过经济和政治一体化进程走向全球共同体的最为关键的世纪。一体化和非一体化、反一体化,

将是新世纪中的世界主要矛盾。美国的一极地位和全球化的推进,使得文明(文化、种族、民族)间冲突加剧,从而使政治危机事件爆发率激增。"9·11"之后,危机事件越来越频繁,越来越复杂;其三,由于科学技术的发展,人们转变了被动地应对风险与灾害的思想,开始积极地预测风险、化解风险,主动地应对、处置灾难,探索进行有效应对的途径。因而,危机管理既是社会治理中的一个时代课题,又表现出人类面对各种各样的危机事件积极行动的进取精神。

20世纪90年代以来,随着经济全球化的浪潮奔涌而来,风险社会的特征迅速凸显,各种影响国家安全、公共安全、环境安全与社会秩序的不确定、不稳定因素日益增多,公共危机发生的频率高、危害的程度大、影响的范围广。同时,我国也正处于社会转型时期,经济发展不均衡、社会矛盾积聚、道德滑坡等所导致的各类挑战公共安全的公共危机事件迅速增长。种种迹象表明,在国际与国内因素的共同作用下,公共危机不仅影响着社会的和谐稳定,也考验着政府的执政能力。危机管理已经成为公共管理中的一项重要课题,也是公共管理者必须掌握的一项基本技能。

公共危机的发生对公众的生命、健康与财产安全构成了严重的威胁,对社会的安定造成了极大冲击。它需要政府在尽可能短的时间内有效地调集全社会所蕴藏的人力、物力与财力资源,及时地加以应对,以遏制、消除公共危机的后果。在公共管理主体多元化的条件下,非政府组织以及各种各样的社会力量都需要加入危机管理过程中来,与政府一道去应对危机。而且在危机预警等方面,非政府组织和各种各样的社会力量能够发挥重要作用。公共危机管理所提供的产品主要是公共安全,具有效用的不可分割性和受益的非排他性。在一切公共产品中,公共危机管理是最能体现出其公共性的一项管理活动。[①]

二、公共危机与突发事件

荷兰危机管理学家乌里埃尔·罗森塔尔认为,危机是指一个系统的

①安志放.论公共危机管理中的公共危机教育[J].贵州师范学院学报,2008,24(2):5-8.

基本结构或基本价值和规范所受到的严重威胁,由于受到时间压力和处于高度不确定状态,这种威胁要求人们做出关键性的决策。从这个概念来看,危机具有三个基本的构成条件,即"威胁""不确定性"和"紧急性"。危机对人们的生命、健康与财产安全构成了严重的威胁,其演进路线与发展方向具有不确定性,需要管理者在紧迫的时间、巨大的心理压力下迅速地做出决策,并有效地加以应对。

汉语中的"危机"一词包含着"危险"与"机遇"两个方面的含义。从辩证法的角度看,任何坏的事情都有向好的方面转变的可能性,危险可以化为机遇。但是,化"危险"为"机遇"并不是一个自然而然的过程,它需要特定的条件,如人们从灾害中学习如何应对灾害。为了突出这一点,我们倾向于明确地对"危机"做出负面性的价值判断。正如国外学者波恩所言,危机是指"人们不希望产生、没有预料到的情景:当我们谈到危机时,我们通常是指坏事降临在一个人、一个群体、一个组织、一种文化、一个社会或整个世界头上。人们必须紧急行动,确保这种威胁不会变为现实"。

在全球化的背景下,危机具有很强的扩散性。企业危机、公共危机、国际危机三者之间有时界限模糊,甚至可以相互转化。例如,吉化双苯厂发生爆炸事件,这本来是企业自身的危机,但由于消防队员将苯的残留物冲刷到了松花江中,污染了江水,企业危机演变为公共危机。又因为松花江是中俄两国的界河,俄罗斯方面对水污染事件提出严重抗议,国内的公共危机又升级为国际危机。丰田汽车召回事件所引发的不仅是一个企业的危机,在全球金融危机的条件下,甚至引发了人们对世界经济复苏的担忧。

在我国政府的文件中,"公共危机管理"一词也被表述为"突发事件应急管理"。那么,"危机"与"突发事件"之间是什么关系?一般说来,"事件"指"历史上或社会上发生的不平常的大事情"。"突发"二字意味着时间上的紧迫性和后果的严重性。2007年我国颁布、实施的《中华人民共和国突发事件应对法》是这样界定突发事件的:"指突然发生,造成或者可能造成严重社会危害,需要采取应急处置措施予以应对的自然灾害、事故灾难、公共卫生事件和社会安全事件。"而我们所说的突发事件近似于国外所说的"紧急事件",往往是可能诱发危机的"事情",是一个"点";而危机则指某个系统所处的情景或状态。

不过,"危机"与"突发事件"往往交织在一起:一个系统内蛰伏的危机因素积聚到一定的程度后,就可能引爆某个突发事件,这样一来,突发事件就成了危机开始的标志。在这种情况下,危机因素如果能够被遏制,突发事件就不会发生。与此同时,一个突发事件也可能会引发一场危机。这时,突发事件是危机开始的诱因。在这种情况下,突发事件如果能得到有效的控制,危机就不会爆发。此外,一场危机中可能会出现多个突发事件。同时,突发事件也可能会对危机起到推波助澜的作用。在实践中,我们往往会以危机中的典型突发事件指称危机。因此,"公共危机管理"与"突发事件应急管理"基本上是一个概念的两种表述方式。国际上,日本、欧洲等国家和地区的学者习惯于使用"危机管理",而美国、澳大利亚、新西兰等国的学者则习惯于使用"应急管理"。一般而言,公共危机具有以下基本特征。

(一)突发性和紧迫性

公共危机往往是平时积累起来的问题、矛盾、冲突因长期不能得到有效解决而在突破一定的临界点后的突然迸发,它看似偶然,实则是必然的。公共危机的发生需要应急管理人员在紧迫的时间和巨大的心理压力之下,迅速调动可以掌控的一切人力、物力和财力,进行有效的应对,以便控制事态发展和消除不利的后果与影响。

(二)不确定性

公共危机从始至终都处于不断变化的过程之中,人们很难根据经验对其发展方向做出常识性的判断。特别是在经济全球化背景下,由于各种因素的交织与互动,不断地出现前所未有的新型公共危机,而且这些危机都显示出不确定性的特征。公共危机如果得不到有效遏制,就有可能产生"涟漪效应",进而产生次生、衍生灾害。因此,在危机决策的过程中,我们要在经验决策的基础上,注重科学决策,发挥危机管理人员的创新能力,特别是在今天,我们面对的公共危机往往是前所未有的,不确定性很强。

(三)危害的易扩散性

公共危机可能会使社会公众在健康、生命和财产方面遭受重大的损失,干扰、破坏社会正常运行的秩序,甚至使政府的合法性面临挑战。而且公共危机往往会突破地域限制,向更广范围的地理空间扩散。在许多情况下,公共危机不仅会造成大量的直接危害,也会引发次生灾害,形成一个灾害链条,这就使得构建一个防范和应对公共危机的社会网络变得很有必要。

按照危机发生的原因、机制、过程、性质和危害对象的不同,可以把公共危机分为四大类,即自然灾害、事故灾难、公共卫生事件和社会安全事件。自然灾害主要包括:干旱、洪涝、台风、冰雹、沙尘暴等气象灾害,地震、山体滑坡、泥石流等地震地质灾害,风暴潮、海啸、赤潮等海洋灾害,森林草原火灾、农作物病虫害等生物灾害。事故灾难主要包括:铁路、公路、民航、水运等交通运输事故,工矿商贸等企业的安全生产事故,城市水、电、气、热等公共设施、设备事故,核与辐射事故,环境污染与生态破坏事件等。公共卫生事件主要包括:传染病疫情、群体性不明原因疾病、食物与职业中毒、动物疫情及其他严重影响公众健康和生命安全的事件。社会安全事件主要有:恐怖袭击事件、经济安全事件、民族宗教事件、涉外突发事件、重大刑事案件、群体性事件等。虽然对公共危机所做出的这一分类是静态的,但是其演进却是动态的,并且往往是相互关联、相互渗透的。在现代社会中,致灾因素具有突出的连带性、耦合性与叠加性,表现出链状群发甚至网状群发的特点。因而我们在公共危机管理的过程中要关注系统性风险,并以系统的眼光来关注公共危机。在实践中,我们要提倡相关部门之间的协同与合作,从而形成应对公共危机的强大合力。

公共危机可以依据性质、社会危害程度、影响范围等因素而被划分为不同的等级。公共管理者要根据对危机级别的判定配置相应的资源,避免响应不足和响应过度。在我国,自然灾害、事故灾难、公共卫生事件一般被分为四级,即Ⅰ级(特别重大)、Ⅱ级(重大)、Ⅲ级(较大)和Ⅳ级(一般)。由于公共危机处于不断演进的过程中,所以分级也是动态的。在实践中,当危机情势不够明朗时,分级一般遵循"就高不就低"的原则。另外,社会安全事件是不分级的。这是因为社会安全事件的演进呈现出非线性的特点,表现出明显的"蝴蝶效应"。

三、公共危机管理的定义及其特征

(一)公共危机管理的定义

罗伯特·希斯认为,危机管理包含对危机事前、事中、事后所有方面的管理,有效的危机管理需要做到如下方面:转移或缩减危机的来源、范围和影响;提高危机初始管理的地位;改进对危机冲击的反应管理;完善管理以便能迅速有效地减轻危机造成的损害。他认为寻找危机的根源、本质及表现形式,并分析它们所造成的冲击,就能通过降低风险程度和缓冲管理来更好地进行危机管理。关于公共危机管理的定义,国内学者存在不同的观点:有些学者认为公共危机管理有广义和狭义之分,广义的公共危机管理是指政府在危机意识或危机观念的指导下,依据危机管理计划,对可能发生或已经发生的危机事件进行预测、监督、控制、协调处理的全过程;狭义的公共危机管理通常与危机处理的概念一致,指政府对已经发生的危机事件的处理过程,包括监测、预防、预控、应急处理、评估、恢复等措施。另外一些学者认为,公共危机管理是指政府针对自然界或者社会预测和识别可能发生的危机或正在发生的危机,进行事先预测防范、事后妥善解决的一种战略管理手段。公共危机管理的目的是最大限度地降低人类社会悲剧的发生。

学术界从不同角度、在不同的层面上对公共危机管理的内在本质所进行的探讨,为科学地定义公共危机管理奠定了理论基础。综合以上观点可以认为,所谓公共危机管理,就是指政府公共管理机构针对危机的特点,通过组织政府、群众、社会等相关力量,在监测、预警、干预控制、应急处理、评估、恢复以及消解危机性事件的生成、演进与影响的过程中所采取的一系列方法和措施，防止可能发生的危机，处理已经发生的危机，以减少损失，甚至将危险转化为机会，保护公民的人身安全和财产，从而保障人们正常的生产和生活活动，维护社会稳定，促进社会和谐健康发展。

(二)公共危机管理的特征

公共危机管理的特征主要包括长期性、权变性和公共性。

1.公共危机管理的长期性。一方面，公共危机管理是一种紧急状态下的管理，具有紧迫性；另一方面，公共危机的出现往往并非偶然的和孤立的事件，其发生有着深刻的和内在的诱因，而且某一危机的发生会导致结构性和连锁性的反应，危机事件的解决并不意味着潜在危机的完全解除。从这一意义上来讲，危机管理是一种长期的和系统化的管理，它并不是着眼于消极地解决眼前的某一危机，而是积极主动地采取一系列长期性的和系统化的反危机战略。

2.公共危机管理的权变性。危机发生的原因是多样化的，危机行为的变化也是多样化的，危机情势也因各种环境因素的变化而变化，因此很难找到危机管理的普遍适用法则，即使人们已经发现了危机解决的一些原则，但信守原则并不一定能保证危机的解决，危机管理是权变的管理。这意味着危机管理的方式和方法要随着危机形势而改变。

3.公共危机管理的公共性。由于危机具有社会性，对其进行有效的管理超出了私人组织的能力，因此政府在这里起着核心和关键的作用，政府的危机决策、危机行动也会对危机利益相关者产生社会性的影响。从本质上说，政府对危机的管理是提供公共物品。

第二节 公共危机管理过程

在众多的危机管理阶段分析方法中,有四种最为学界认同的模型,它们分别是:其一,芬克的四阶段生命周期模型。芬克用医学术语形象地对危机的生命周期进行了描述:第一阶段是征兆期,线索显示有潜在的危机可能发生;第二阶段是发作期,具有伤害性的事件发生并引发危机;第三阶段是延续期,危机的影响持续,同时也是努力清除危机的过程;第四阶段是痊愈期,危机事件已经解决。其二,美国联邦安全管理委员会把公共危机管理分为减缓(缓和)、预防(准备)、反应(回应)和恢复四个阶段。其三,危机管理专家米特罗夫的五阶段模型(1994年):信号侦测——识别危机发生的警示信号并采取预防措施;探测和预防——组织成员搜寻已知的危机风险因素并尽力减少潜在损害;控制损害——危机发生阶段,组织成员努力使其不影响组织运作的其他部分或外部环境;恢复阶段——尽可能快地让组织运转正常;学习阶段——组织成员回顾和审视所采取的危机管理措施,并整理使之成为今后的运作基础。其四,最基本的是三阶段模型,即把公共危机管理分成危机前、危机和危机后三个大的阶段,每一阶段又可分为不同的子阶段。

一、公共危机前管理

在危机管理的各个阶段中,危机发生前的管理最为重要,主要包括预防、预警、预备。[①]

(一)预防

所谓预防,是指减少影响人类生命、财产的自然或人为风险,包括采取实施建筑标准、推行灾害保险、管理土地的使用、颁布安全法规等措施,减少公共危机发生的可能性或限制公共危机的影响范围和程度。

---

① 王宏洋,郭振中. 公共危机管理预警阶段的组织行为分析[J]. 辽宁行政学院学报,2006,8(4):2.

预防是对可能发生的突发事件进行预先的控制和防范,以防止危机的发生,或者减轻危机发生的后果。预防是最好的管理,是公共危机管理的基石,如果能通过预防而最终避免了危机的发生,就是达到了危机管理100%的效果。国际安全科学领域里有一条"海恩法则":每一起严重事故的背后,必然有29次轻微事故和300起未遂先兆,而这些征兆的背后又有1000个事故隐患。公共危机管理要实现从被动应付向主动应对、从结果导向到原因导向的发展,就需要大力推行风险管理的理念,不断地将公共危机管理的关口前移。

预防的核心是加强日常管理与培养危机意识,降低社会的脆弱性。为了确保社会公众的安全和减少社会公众所面临的各种风险,危机管理者既要尽可能地排查、消除危险要素,又要降低社会的脆弱性。脆弱性是衡量社会在危险要素产生作用的条件下是否会遭受危害的指标。在城市中,它主要与以下因素相关:经济、社会的集中程度;城市系统的复杂性和相互关联性;城市的地理位置;城市的环境保护情况;城市的结构性缺陷,如建筑问题;政治和制度缺陷等。在乡村中,脆弱性相对较强,主要是因为农村经济、社会发展滞后,社会公众的防灾、减灾意识薄弱,建筑、设施的抗灾害能力低。相对而言,风险要素比脆弱性更有不可控制性,这就要求我们应在以下两个方面开展公共危机的预防:一是规避风险,要对危险要素进行监督、分析、控制;二是寻求安全,降低社会系统的脆弱性。后者比前者更能凸显人的作为。如果能够降低脆弱性,就能够避免许多公共危机带来的不必要的损失。比如,在城市化进程中,为了从源头上预防公共危机,就需要加强对现有建筑的风险排查,并采取相应的防灾、减灾措施,同时落实新建建筑物的安全规划。

(二)预警

预警是一项科学监测、数据加工和事件预报的活动,它把科学的信息转化成公众可以理解的警报,通过最大限度地传播警报,以求社会公众及时采取响应行动。预测与预警是公共危机预防的两大关键性环节。预测是在公共危机发生前预先进行的有效监测,它包括三个步骤:

第一,危险源排查,就是对可能引发风险及危机的危险要素进行辨识、筛选与甄别。从公共危机演进的过程来看,危险源排查是危机管理在事发前最为基础的一个环节;第二,危险源监测,是指在公共危机发生前对各种可能引发危机的重点危险源及其表象进行实时、持续、动态的监视和测量,收集相关的数据和信息;第三,风险评估,即根据对危险源检测的结果,结合脆弱性进行分析,确定风险的大小,并判别公共危机发生的可能性。预警也就是预先警告,最早源于军事领域,主要是指通过各种手段提前发现、分析和判断敌情,并将其威胁程度报告给指挥部,以提前采取措施应对。后来,"预警"一词逐步被人们应用到政治、经济、社会、自然等多个领域,包括灾害管理领域。在公共危机管理中,预警主要是指在危险要素转变为公共危机之前,将有关风险的信息及时告知潜在的受影响者,使其采取必要的避险行动,做好相应的准备。

公共危机的预测与预警是相辅相成、相互统一的关系。预测是指危机管理者获得相关的信息并进行研判,而预警则是指危机管理者将研判的结果通过特定的渠道传递给可能受到影响的受众。一方面,科学的预测是精确预警的前提和基础。另一方面,只有通过有效的预警才能把预测得出的结论及时地传递给受众。所以,预测、预警的目的是使社会公众采取响应行动,减少公共危机的危害与影响。因此,预测、预警的完整流程是:对危险要素持续地进行监测并对警兆进行客观的分析,做出科学的风险评估;如果风险评估的结果显示公共危机不会发生,则返回继续监测;如果风险评估的结果显示公共危机可能发生,则向社会公众发出警示信号;当社会公众采取有效的响应行动后,预测、预警的最终目的才得以实现。

(三)预备

不是所有的突发公共危机事件都能在事先通过危机预警得以避免,很多危机是无法准确预测的。因此,我们必须为危机做好准备,加强战略规划、物资储备、长期预算和设立意外事故基金。在为危机做准备的过程中,危机管理预案的制定、通信计划以及重要关系的建立等,就显得格外重要了。

公共危机管理中的"预备"是指发展应对各种公共危机的能力,如制定应急预案、建立预警系统、成立危机管理指挥中心、进行灾害救援培训与演练等。充分的应急准备有利于我们在公共危机发生后保护公众的生命和财产,有利于社会快速地恢复到正常状态下。准备活动的核心是事先必须制定周密、详尽、具体的应急预案,确定具有可操作性的程序,储备充足的应急资源。公共危机的准备主要包括以下四个方面:建立可以有效应对公共危机的应急救援队伍;编制公共危机应急预案,为公共危机管理勾画出"行动路线图";构建公共危机管理的保障体系,在应急法律、应急资金、应急物资、应急避难场所、应急通信等方面做好准备:开展公共安全教育塑造公共安全文化,提高全社会预防和应对公共危机的意识。

1.应急救援队伍的建设。应急救援队伍是公共危机管理的基本要素。为了有效地应对公共危机,应急救援队伍建设需要体现如下几项原则:第一,综合应急的原则。具体措施是建立综合性应急救援队伍;实现部门性专业救援队伍的一队多能;促进专业救援队伍与兼职救援队伍的有机结合;第二,分工合作的原则。具体措施是打造具有特色专长的专业救援队,突出其在各自专业领域里的优势,同时锻炼其多种应急救援能力。在公共危机的处置过程中,以一个部门性专业队伍为主力,其他部门专业性队伍为补充,综合性应急救援队伍为总预备队,兼职救援队伍为外围;第三,军民结合的原则。具体措施是发挥军队、武警、民兵预备役部队在抢险救灾、处突维稳中的巨大作用,开展应急救援技能训练;第四,社会参与的原则。具体措施是政府扶植企业特别是大型国有企业的专业救援队;鼓励以志愿者为主体的兼职应急救援队伍的发展。

2.应急预案的编制。通俗地讲,应急预案就是处置公共危机的应急计划,它是危机管理者和相关社会公众在应急管理活动中的行动方案。应急预案的基本内容包括:第一,对紧急情况或事故灾害及其后果的预测、辨识、评价;第二,应急各方的职责分配;第三,应急救援行动的指挥与协调;第四,应急救援中可用的人员、设备、设施、物资、经费保障和其他资源,包括社会和外部援助资源等;第五,在发生紧急情况或事故灾害时保护生命、财产和环境安全的措施;第六,现场恢复;第七,其他,如应急培训和演习规定、法律法规要求、预案的管理等。

编制应急预案的主要意义在于:首先,明确公共危机管理相关主体的责任范围和角色期待与分工,保证公共危机管理活动有条不紊地进行。公共危机管理的主体是多元化的,如果没有预案,各相关主体就可能发生角色冲突或推诿扯皮,贻误战机;其次,有助于我们辨识潜在风险,避免或防止公共危机扩大或升级,从而最大限度地减少危机给社会公众的生命、健康和财产造成的损失;再次,有助于将公共危机处置与响应的步骤与措施"格式化",提高应对效率;最后,有利于培养全社会居安思危的忧患意识,塑造预防为主的安全文化氛围。当然,其前提是让社会公众参与预案的制定或向社会公众广泛宣传预案。

应急预案建设是公共危机准备的一项重要内容。但是,我们不能将其等同于危机管理的全部,不应过分夸大应急预案的作用。这是因为公共危机管理是危机管理者与危机之间的博弈,它需要危机管理者有较高的临机决断水平和较强的创新能力。一方面,没有预案就没有行动指南,我们必须加强应急预案的建设;另一方面,完全照搬预案也很难奏效,危机管理者要被赋予一定的临机决断权力。如果一个危机管理组织在危机来临时仅靠临机决断,那意味着它没有做好充分的准备;如果它完全照搬预案,这说明它没有丝毫的创新能力。如何在遵照预案与发挥创新能力之间形成一种动态的平衡,是公共危机管理的关键所在。

3.应急保障体系建设。依法治国理政是我国政府的一个基本理念。在塑造法治政府、责任政府的过程中,我们必须依法应急。因而,我们必须建立强有力的应急法律体系,使应急行为有法可依、有法必依、执法必严、违法必究。目前,我国已经站在国家安全与公共安全的高度,出台了一部公共危机管理的"基本法"——《突发事件应对法》。这部法律的出台标志着我国公共危机管理法治化进程取得了巨大的进步。长期以来,我国危机管理的相关法律、法规多是调整某个单一灾种的部门法,如《消防法》《防震减灾法》等,这不能适应现代危机管理对多灾种综合性应对的要求。《突发事件应对法》的颁布和实施,有力地扭转了这一局面,因为它具有以下明显的特征:《突发事件应对法》既规定行政部门在紧急状态下可以行使行政紧急权,又维护了公民自由,防止政府滥用紧急行政权。这部法律力求在二者之间形成一种平衡。《突发事件应对法》综合性地应对自然灾害、事故灾难、公共卫生事件和社会安全事件,而不是仅针对其中的某一类公共危机。目前,我国已相继制定《突发事件应对法》以及应对自然灾害、事故灾难、公共卫生事件和社会安全事件的法律法规60多部,基本建立了以《宪法》为依据、以《突发事件应对法》为核心、以相关单项法律法规为配套的应急管理法律体系,突发事件应对工作进入了制度化、规范化、法治化轨道。

4.加强公共安全教育。公共安全教育是公共危机管理的一项重要工作。社会公众能否采取及时、有效的逃生行动,能否做到临危不惧、临危不乱,在很大程度上取决于他们对于风险的认知程度,取决于他们是否有足够的自救、互救意识和技能。因此,开展公共安全教育对于公共危机的准备来说是不可缺少的。

二、公共危机发生中的管理

公共危机发生中的管理也叫公共危机"响应",是指采取行动以挽救生命、减少损失,如激活应急预案、启动应急系统、提供应急医疗援助、组织疏散与搜救等。在危机响应阶段,我们必须同时兼顾三个目标:最大限度地保障公众的生命安全;最大限度地减轻危机所造成的财产、经济损失;严防次生灾害的发生。

响应是公共危机管理的核心环节。有时,即使采取了严密的防范措施,也不能完全避免公共危机的发生。当公共危机发生后,危机管理者要在精心准备的基础上,根据危机的性质、特点和危害程度,及时组织有关部门,调动各种应急资源,对危机进行有效的响应与处置,以降低公众生命与财产安全遭受损害的程度。响应行动既要减少危机的初始影响,也要减少危机有可能引发的二次灾害。减少危机初始影响的行动，包括确保受影响区域的安全，疏散危险地带人员，对伤者进行搜救，提供应急医疗救护，为被疏散者和其他受害者提供避难场所。此外，危机管理者还要在相应阶段防范和处置二次灾害，如震后扑灭城市火灾，防止有害物质泄露，洪水发生后识别供水系统受到的污染或其他公共卫生威胁，有害物质被排放到水库中后识别受污染的野生动物或鱼类。

公共危机响应遵循的原则是：第一，以人为本，减轻危害。公共危机会产生多种威胁，造成多种损失，处置与响应可能会面临多重价值目标的选择。在应对时，需要坚持"先救人、后救物"的原则，把挽救生命与保障人们的基本生存条件放在首要位置。同时，突发事件现场安全情势很不稳定，我们必须高度关注应急救援人员的人身安全，有效地保护应急响应者，避免次生、衍生灾害的发生；第二，统一领导，分级负责。危机响应需要跨部门甚至跨地域调动资源，因而必须形成高度集中、统一领导的指挥系统，实现资源的整合，避免各自为战，确保政令的畅通。同时，响应要坚持分级负责的原则，即按照危机的分级及对应应急预案的要求，由相应级别的应急指挥机构做出果断决策，具体进行处置；第三，社会动员，协调联动。危机往往因其涉及范围广、社会影响大，超出了某个政府部门甚至某级地方政府的控制能力，需要开展社会动员、实现协调联动。一是整合政府、企业和第三部门力量，形成共同治理突发事件的网状化格局，发挥整体效能；二是危机发生地政府同周边地区政府建立同声相应的应急互助伙伴关系，统筹调动人力、物力、财力资源；三是充分发挥武装力量在应急救援中的突击队作用，体现军民结合、平战结合的精神；第四，属地先期处置。不论发生哪一级别的危机，都要以属地为主及时地展开先期处置，以防止危机事态进一步扩大、升级，尽可能地减少危机给公众生命和财产安全所带来的损害。属地是危机事发地，熟悉当地的周围情况；属地可以在第一时间赶赴危机现场，有助于把危机消灭在初始状态；第五，依靠科学，专业处置。在响应过程中，危机管理者要充分利用和借鉴各种高科技成果，发挥专家的决策支持作用,避免不顾科学的蛮干。同时,也要充分利用专业人员的专业装备、专业知识、专业能力,实现公共危机的专业化处置。公共危机的救援可以是综合性的,但处置必须尊重科学,体现专业处置的原则。否则,突发事件的危害就有可能进一步扩大,甚至伤及应急救援者;第六,鼓励创新,迅速高效。由于危机的演化瞬息万变、不确定性强,这就要求我们根据实际需要,打破常规,大胆创新,务求响应迅速和高效。在一定情况下,危机管理者可以行使行政紧急权,特事特办,简化应急处置程序,以迅速控制事态发展,挽救更多的生命和财产。当然,危机管理者必须既要维护公众秩序、保证公共安全,又要维护公民权利、保障基本人权,防止行政紧急权力的滥用。

三、公共危机后的管理

所谓公共危机后的管理也叫公共危机后的"恢复",是指按照最低运行标准将重要生活支持系统复原的短期行为,也指推动社会生活恢复常态的长期活动,如清理废墟、控制污染、提供灾害失业救助、提供临时住房等。恢复开始于危机响应行动即将结束时。恢复的近期目标是恢复灾区的基础设施,包括供水、污水处理、电力、燃料、电信和运输系统。最终目标是使危机影响区域的生活质量恢复到灾前的同一水平。公共危机的发生干扰了社会生产和生活秩序,给社会公众的生命、健康和财产造成了巨大的损失。当危机事态得到有效控制后,公共危机管理也就从以抢险救灾为主的阶段转为以恢复为主的阶段。一般而言,恢复主要包括四个方面的活动:其一,最大限度地限制灾害结果的升级;其二,弥合或弥补社会、情感、经济和物理的创伤与损失;其三,抓住机遇,进行调整,满足人们对社会、经济、自然和环境的需要;其四,减少未来社会所面临的风险。也就是说,恢复就是要尽量减轻灾害的影响,使社会生产和生活复原,并推动社会进一步发展,提高社会的公共安全度。就恢复的内容而言,着重于消除公共危机的影响。包括消除公共危机的社会影响、减轻公共危机造成的环境影响、降低公共危机的经济影响和消除公共危机的心理影响。

参考目录

[1]陈东琪.新一轮财政税收体制改革思路[M].北京:经济科学出版社,2009.

[2]陈荣富.公共管理学前沿问题研究[M].哈尔滨:黑龙江人民出版社,2002.

[3]丁惠炯.公共管理研究[M].北京:中央民族大学出版社,2006.

[4]范柏乃,蓝志勇.公共管理研究与定量分析方法[M].北京:科学出版社,2008.

[5]刘剑文,熊伟.财政税收法[M].北京:法律出版社,2007.

[6]刘剑文.财政税收法:教学参考书[M].北京:法律出版社,2000.

[7]齐欢,代建民,齐翔.公共管理数学建模方法与实例[M].北京:科学出版社,2006.

[8]王诚尧.发展中的财税理论政策与制度改革[M].北京:中国财政经济出版社,2002.

[9]尹文嘉.后新公共管理研究[M].广西:广西师范大学出版社,2013.

[10]张军涛,曹煜玲.公共管理学[M].北京:清华大学出版社,2015.

[11]赵梦涵.新中国财政税收史论纲[M].北京:经济科学出版社,2002.